江戸のことわざ

「犬も歩けば棒に当たる」裏と表のその意味は

丹野　顯

INTELLIGENCE PLAYBOOKS

はじめに――「江戸のことわざ」のおもしろさ

わたしたちはふだんの会話で、それと意識せずによく「ことわざ」を使っています。ことわざには中国の故事成語に由来するものもありますが、日常ちょっとした節目にわたしたちの口をついて出ることわざの大半は日本独自のもので、しかも多くが江戸時代に作られたもの、あるいは江戸時代に形が整えられたものです。たとえば、

「このバッグ、ちょっと高いけれど、清水《きよみず》の舞台から飛び下りた気で買おうかしら」

などと、わたしたちは何の抵抗もなしに使っています。こうした時代・社会を超え得ることわざが江戸時代に大量に生まれたのは、厳しい身分社会でありながら、前代と違って経済・文化活動が開かれていて活発となり、江戸のような地域社会の人間関係が豊かで円滑だったからにほかなりません。

ことわざの主な作り手であった中・下層の武士と上・中層の商人・職人は、江戸では入り混じって暮らしていました。しばしばお互いに衝突したりもしましたが、たとえば、「この鯛《たい》、伊勢屋《いせや》の建前《たてまえ》の引き出物だが、腐っても鯛とは言うけれど、早いうちに、裏の御浪人の近藤さんに持って行ってくれねぇか」「さぁーね、近藤さんは武士は食わねど高《たか》

楊枝《ようじ》を決めてるから、食べてくれるかしらね」

という光景も見られました。江戸庶民がことわざを要所にはさんで会話するのは、最も多感な子供のときから「いろはカルタ」で「犬も歩けば棒に当たる」とか「花より団子」などの知恵を覚え、大人も芝居や本から「江戸っ子は宵越《よいご》しの銭《ぜに》は持たぬ」とか「初物七《はつものしち》十五日《じゅうごにち》」などという生き方を、良きにつけ悪しきにつけ身につけていたからです。

ことわざは「知識の宝庫」「知恵の結晶」といわれます。それらは口伝えされて現代のわたしたちにたどりつきました。わたしたちはそれを自分の言葉として使っていますが、一方で個々のことわざを見れば、その言葉が生まれた時代と社会の刻印があります。

本書ではその刻印をもう一度江戸の地平にすえて、ことわざの意味や真実を考えてみました。七章に分類してありますが、多様な意味内容をもつ「ことわざ」を一つの枠に収めるのは困難があり、便宜的なものと考えてください。また出典（※）については類似する表現も含めて、そのことわざを理解するうえで良好と思われる典拠を一つだけ示しました。「ことわざ」という新しい角度から「江戸」にふれていただければと思います。

丹野　顯

江戸のことわざ・目次

カバー／河鍋暁斎《かわなべきょうさい》『狂斎百図』より
——㈶河鍋暁斎記念美術館

第一章

粋と我慢の江戸っ子気質

——江戸の人々

江戸っ子は五月《さつき》の鯉《こい》の吹き流し

江戸っ子は言葉は荒っぽいが、腹にたくらむことはなく、さっぱりしている。江戸っ子の美質をいったことわざだが、このあとに「口先ばかりではらわたはなし」と続けてもいい、口先ばかりが達者で中身がないという、江戸っ子への悪口になる。

「江戸っ子」という言葉は、一七七一年（明和八）に作られた「江戸っ子のわらんじをはくらんがしさ」という川柳《せんりゅう》が初見といわれる。草鞋《わらじ》をはいて旅立つとき、やたら騒がしいという意味。江戸への流入人口が増大するにつれ、先住の木場の材木商や蔵前の札差《ふださし》らの間に危機感が生まれ、オレたちは新住民とは違うぞと「江戸っ子」意識が強まった。江戸っ子の代表格山東京伝《さんとうきょうでん》は『通言総籬《つうげんそうまがき》』（一七八七年刊）で、江戸っ子は「窓から江戸城の金の鯱《しゃち》をにらみ、水道の水を産湯《うぶゆ》に浴び、真っ白なおまんまを食って乳母日傘《おんばひがさ》で育ち……」と裕福に育ち、さらには親子三代が江戸生まれの江戸育ち、初物好き・熱湯好き・悪態が巧みなどの江戸気質をそなえていること、中でも大事なのは山王権現《さんのうごんげん》か神田《かんだ》明神《みょうじん》の氏子《うじこ》であることなど細かく条件がつけられた。こうなると深川生まれの山東京伝自身が水道水で産湯を使えなかったし、富岡八幡《とみおかはちまん》の氏子だろうから、江戸っ子でなくなる。

江戸っ子は宵越《よいご》しの銭《ぜに》は持たぬ

※歌舞伎『今文覚助命刺繍《いまもんがくじよめいのほりもの》』

江戸っ子の大事な特質の一つが物事にこだわらないこと、中でも金ばなれがよいことである。「江戸ものの生まれ損《ぞこ》ない金をため」という川柳もある。宵越しの銭を持たなかったのにはワケがある。

一つには、一日の稼ぎが翌日まで持ち越せるほど多くはなかったこと。もう一つは、その日の稼ぎを使いきっても、火事の多い江戸では公共工事や家屋敷の再建・改築など、次の日の仕事に事欠くことはなく、宵越しの銭がなくとも暮らしていけたことがある。

江戸庶民といってもピンからキリまである。ピンは職人の代表格である大工・左官《さかん》で、文政期（一八一八～二九）、大工の日当は銀四匁《もんめ》二分《ふん》、弁当代一匁二分が付いて計五匁四分であった（『文政年間漫録』）。江戸時代には金貨・銀貨・銭貨（銅貨）の三種が通用していて、幕府は元禄以後、金一両は銀六十匁・銭四貫文《かんもん》（四千文）と公定した。

この為替相場は変動するが、本書では単純化してこの比価に固定し、なお十六文のソバを四百円として、一文二十五円に換算し、必要に応じて今の金額を示して話を進めたい。

これによると大工の日当は約九千円だが、この金額にはウラがある。（88ページ参照）

火事と喧嘩《けんか》は江戸の花

江戸の火事と喧嘩は他所《よそ》では見ることができない豪儀なものだという妙な自慢である。江戸ではいったん出火すると消火用具や消防組織が貧弱だったので、とくに家屋が密集していた町人地では大火となった。当時は破壊消防であり、火消《ひけし》は延焼を防ぐため、建っている屋敷や蔵《くら》を破壊した。明暦《めいれき》の大火（一六五七年一月）では大名・旗本屋敷九百三十余、江戸の市街地の約六十パーセントが焼失し、死者は十万をこえた。

この後、消防組織が整備されていき、大名による大名火消に加えて、旗本による定火《じょうび》消《けし》、さらに一七一八年（享保三）には町方の町火消が創設された。火事場には泥棒が横行するので、各組支給のハッピを着た鳶《とび》職人しか立ち入りを許さず、また町火消は旗本の定火消と対等とされたので、このときとばかり武家と張り合い、真っ先に火災現場に纏《まとい》をあげるのを競った。「春夏秋冬一日として火事なきはなし、冬春は一日に三、四ヵ所もある日あり」（『塵塚談《ちりづかだん》』）と、江戸は火災都市で、江戸に暮らす人は一日にして住まいや家財・道具類が灰燼《かいじん》に帰するのを何度か目の当たりにした。江戸庶民が蓄財や勤倹を軽んずる気風は火事の頻発と無縁でない。火災後、大工や左官らの職人は引っ張りだこになる。

伊勢屋《いせや》、稲荷《いなり》に犬《いぬ》の糞《くそ》

※随筆『守貞漫稿《もりさだまんこう》』

「い」を頭韻にして、江戸でやたらと目につくものをあげている。江戸で多いものでは、他に「犬の糞と侍がこわくては江戸へ来られず」ということわざもある。武士・伊勢屋・稲荷神社という江戸で勢威の盛んなものを、「犬の糞」のレベルに引き下げている。

家康《いえやす》が駿河《するが》から江戸に移ると、徳川氏縁故の三河や駿河の商工業者はじめ、進取の気に富んだ伊勢や近江《おうみ》などからも、たくさんの商人がやってきた。彼らは出身地や家柄をあらわす「三河屋」「駿河屋」などの屋号を掲げた。その中で際立った特質をみせたのが「伊勢屋」で、勤勉・倹約を尊んで町内で堅実に商いをして財を築いた。

のちに江戸庶民はねたみもあって「伊勢屋」を倹約を通り越した吝嗇《りんしょく》（ケチ）の代名詞とした。しかし商人の間では「伊勢屋」の名は絶大な信用になり、暖簾《のれん》分けでも「伊勢屋」ブランドは人気があり、増殖していった。

稲荷神社が増加したのは商工業者の守護神であるうえ、「正一位《しょういちい》稲荷大明神《だいみょうじん》」の神位を与えられたことが大きい。「江戸にては武家および市中稲荷祠《し》ある事、その数知るべからず」（『守貞漫稿』）と、各町内が競ってお稲荷さんを祀り、通りすがりに柏手《かしわで》を打った。

犬も歩けば棒に当たる

※①辞書『諺苑《げんえん》』 ②滑稽本『狂言綺語《きようげんきご》』

あることわざに対して、反対の主張をすることわざがあることは珍しくない。「善は急げ」という一方で、「急《せ》いては事を仕損じる」と説く。ところが一つのことわざが正反対の意味をもつという珍しい例もある。いちばん名高いのが、このことわざである。

江戸時代半ばから江戸を中心に広く流布した「犬棒《いぬぼう》カルタ」の冒頭の札でもあり、絵札には犬が棒で打たれて逃げている絵が描かれていた。絵札からも、このことわざは①では用がないのにうろうろ出歩くと災難に遭うという教訓であったが、ほとんど同じところから、②では何も用がなくとも積極的に出歩いていれば、思いもかけぬ幸運に出会えるという意味で使われていた。最近、若い人の間では②の意味の使用例が優勢だという。

このように正反対の意味に理解されることわざでは、「秋茄子《あきなす》嫁に食わすな」（163ページ）があり、また正反対ではないが、両様の意味をもつものには、「斧《おの》を研《と》いで針にする」（①努力すれば成功する、②むだな骨折り）、「騙《だま》すに手なし」（150ページ）、「昔の剣《つるぎ》、今の菜刀《ながたな》」（①老いれば役に立たない、②昔のよいものより、今役に立つものがいい）などがある。

犬になるとも大所《おおどこ》の犬になれ

※歌舞伎『身光《みのひかり》於《お》竹功《たけのいさおし》』
　主人を選ぶなら、大きくて安定した大きなところを選べということで、「寄らば大樹《たいじゅ》の陰《かげ》」と同じ考え方である。今では使われないが、こんな説教をしていたのはおもしろい。

　犬は五代将軍徳川綱吉《つなよし》の「生類憐《しょうるいあわれ》みの令」という犬の保護政策があって、最盛時には江戸近郊の中野の御犬小屋だけでも十一万頭以上が保護されていた。綱吉の死後、江戸市中に野犬があふれ、「伊勢屋、稲荷《いなり》に犬の糞」（13ページ）と江戸の町は大迷惑になる。

「生類憐みの令」当時、犬はどこをうろついても棒でたたかれるようなことはなかった。犬が安住できたのはやはり「大所」だった。神社・寺院、大きな屋敷、それに城に住み着いた。赤穂《あこう》藩主浅野長矩《ながのり》が江戸城中で刃傷《にんじょう》事件を起こし、赤穂城の明け渡しを命じられたとき、家老大石内蔵助《くらのすけ》は城中の武具・兵粮《ひょうろう》など、すべて書き出して幕府へ返還した。

　その中には犬もいる。「赤十疋《ぴき》、白九疋、赤ぶち一疋、黒二疋、合計二十二疋。他に生後まもない子犬八疋ほど。しかし庭の下で正確な数は不明。また城中の犬は外へ出たり、城外の犬が入ってきて、その数・毛色ははっきりせず」と届けている。

　一方、翌年に討入りに遭う吉良《きら》邸では犬を警戒用にも一頭も飼っていなかった。

大家《おおや》といえば親も同然

※歌舞伎『繰返開花婦見月《くりかえすかいかのふみづき》』

大家は店子《たなこ》（借家人）にとっては親代わりであるということ。この後に「店子といえば子も同然」とつづく。現代では「大家」とは家・アパートを建てて賃貸している人をいうが、江戸時代には家・長屋を建てるのは「家持《いえもち》（地主）」であり、その家持から管理を委託された人が大家（家主《やぬし》・家守《やもり》とも）である。大家は家持から手当をもらう代わりに、店賃（家賃）を徴収し、店子の世話をした。だれでもなれるのではなく、「家主株」を買って持っている者に限られた。立地のよい長屋の家主株は二百両、裏長屋で二十両もした。

住人は長屋によってさまざまである。裏長屋でも横町や新道に面していて、三軒とか四軒が隣り合っている所には、大工の棟梁《とうりよう》や町医者・通いの番頭・遊芸の師匠・妾などが住んでいた。十数軒以上の割長屋・棟割長屋がある一般の裏長屋には、「士農工商混雑《こきまぜ》て、八百万《やおろず》の相借家《あいじやくや》」（『浮世床』）と、あらゆる職業の人が住んでいる。典型的な貧乏長屋には金山寺味噌を売る男と糊を売る婆さんが暮らしている。大家はこれらの店子の中から交替で月番を決め、掃溜《はきだめ》にたまったゴミを町の大芥溜《おおごみため》まで捨てに行かせたり、また葬式など何か事が起きたときの雑用係にし、長屋は大家と店子による自治が行なわれていた。

大家の子は糞《くそ》で育つ

このことわざはほとんど死語であるが、江戸時代の常識として大事なので取り上げたい。江戸庶民が暮らす裏長屋は、木戸を入ってドブ板ぞいに長屋路地を行くと、空き地があって井戸があり、さらに突き当たりに掃溜《はきだめ》と惣雪隠《そうせっちん》があった。みな共同使用である。惣雪隠は長屋住民が朝夕排泄するところで、その屎尿《しにょう》が大家にとって大事な収入源だった。

大家は現代と違って長屋の持ち主ではなく、長屋を建てた地主から管理を委託されているにすぎない。大家の収入は①地主からの手当、②店子《たなこ》からの礼金など、③惣雪隠の糞尿代から成り立っていたが、この③が非常に多かった。糞尿は近郷の農家が下肥《しもごえ》にするため集荷に来た。下肥を使うと農作物の育ちが早いうえに美味で、初物の野菜は倍以上の高値がつき、他も二、三割高く売れたのである。

滝沢馬琴《たきざわばきん》は一戸建に七人で暮らし、年間契約で農家からタクアン用大根三百本を受け取っている。長屋の大家は現金契約で、寛政三年（一七九一）、角筈《つのはず》村の農家は馬の背に二桶《おけ》を一駄《だ》とし年間三百十二駄の下肥で八両を払っている。ことわざは大家がこの金で子を育てたと悪口を言っているが、多くの大家は下肥代の中から年末には店子に餅を配った。

※狂歌集『万代狂歌集《まんだいきょうかしゅう》』

酒屋へ三里、豆腐屋へ二里

狂歌の「ほととぎす自由自在に聞く里は酒屋へ三里豆腐屋へ二里」から生まれた。つまり、このことわざはホトトギスの声を存分に聞くことができるぶん人里離れた不便な土地のたとえである。

江戸市中に多かった商店は第一に飲食店で、「五歩に一楼《ろう》、十歩に一閣《かく》、みな飲食の店ならずという事なし」（『一話一言』）というにぎわしさだった。豆腐屋は何しろ庶民が毎日食べる物だったので町内に一軒はあり、酒を小売する酒屋（枡酒屋）も同程度あって、二里とか三里も行かないとないというのはよほど辺鄙《へんぴ》なところである。

今では忘れられたホトトギスの声が昔はいかに珍重されたかは、『甲子夜話《かっしやわ》』に信長・秀吉・家康が鳴き声に対して対照的な態度を示したエピソードに作られていることからも知られる。江戸ではホトトギスは立夏をすぎて初音《はつね》が聞け、文人は同好の士と連れ立って出かけた。江戸近郊で初音の里として名高かったのは、『東都歳時記』によると、小石川白山《はくさん》・高田雑司ヶ谷《ぞうしがや》・四谷大番町・駿河台《するがだい》・御茶ノ水・神田明神・谷中《やなか》・芝増上寺《ぞうじょうじ》の森・隅田河畔・根岸の里・根津《ねづ》であった。豆腐屋から二里も離れていないところも多い。

江戸は諸国の入り込み《いりご》

※洒落本『初葉南志《はつはなし》』

江戸では諸国から出て来た人が入り混じって暮らしているということ。「入り込み」は無差別に混じり合っていることで、男女混浴だった江戸の銭湯も「入り込み湯」という。

幕府が開かれて徳川将軍家の城下町となった江戸には、いくらでも仕事があった。江戸時代半ば、江戸は人口百万をこえる世界最大の都市になっている。半分の五十万余が町人だった。一方、農村では凶作がつづき、農民の中には江戸に行けば食えるだろうと離村する者が相次いだ。幕府も諸藩も農民の離村を厳禁し、幕府は強制的に江戸から帰村させる政策をとっている。それでも江戸には住民・無宿者がふえたのである。

当時はどの城下町にも「人宿《ひとやど》」とよばれる奉公人斡旋業者がいた。江戸の人宿は大名の手伝《てつだい》普請《ぶしん》や大名行列の要員などで数十人単位の雇用があるので、多数の寄子《よりこ》（パート要員）を確保しておく必要があった。大手の人宿は江戸の入口にあたる千住・板橋・内藤新宿へ手代《てだい》を派遣し、男なら体力、女なら体力に加えて器量《きりよう》のよい者をキャッチして寄子とした。農民は判銭《はんせん》（入会金）を払えば、のちに奉公先や仕事を紹介してもらえる。それ以上に人宿が身元を保証してくれて無宿者にならずにすみ、江戸に居着くことができた。

※歌舞伎『出来穐月《いでそよづき》花雪聚《はなのゆきむら》』

言葉は国の手形

「言葉」は方言・訛《なま》りをさし、標準語・共通語とは異なる、ある地方に特有の言葉や発音をいう。「訛りは国の手形」ともいう。それを聞くと、その人の生国・故郷がわかるという意味。「江戸べらぼうに京どすえ」「難波《なにわ》の葦《あし》は伊勢の浜荻《はまおぎ》」（物の名が土地によって異なること）は方言であり、「山のイノシシ、コハダのすし」が「山のイノスス、コハダのスス」と聞こえるのが訛りである。

江戸時代には大名の領国である藩が一国をなしていた。幕府・各藩は関所や番所を設けて人や物の往来を規制していたため、独特の言語や気風を作り上げ、隣国でも通じ合わないことも生じた。今でも大ざっぱに関西弁とか東北弁・九州弁などというが、江戸時代には江戸弁・京都弁・熊本弁・鹿児島弁などと、ずっと狭い地域に特有の言葉が生きていた。

訛りや方言のギャップが自覚されたのは「諸国の入《い》り込《ご》み」といわれた江戸においてである。武士は参勤《さんきん》交代の供で、農民は出稼ぎのため江戸にやってきて、言葉の通じないことを初めて体験した。江戸弁はそうしたごった煮から形を成し、のちに標準語へと育っていった。

見かけばかりの空大名《からだいみょう》

※浄瑠璃『国性爺《こくせんや》後日合戦』

居城や大名行列を見ると、大名の暮らしは豪勢に見えるが、内情は困窮しているということ。大名困窮化の大きな原因は毎年の参勤交代《さんきん》（往路か復路）にあった。「大名旅行」というと、ぜいたくな旅の代名詞であるが、大名は大名旅行などできなかった。

参勤交代は戦場に出陣するときと同じ陣容で行列すると定まっていた。石高が高ければ人数も多くなる。江戸前期は将軍への忠誠心と御家《おいえ》（藩）の威光を示すため、定員以上の行列を組み、金沢藩は総勢二千五百人に達したこともある。しかし江戸中期以降は各藩とも経費削減を図って、江戸市中と国元での行列だけはパートを雇って威勢を保った。

参勤が大変だったのは遠国の大藩である。三十五万石余の佐賀藩（鍋島《なべしま》藩）は経費節減に成功した年でさえ二千六百両、七十二万石余の薩摩《さつま》藩は五千七百両も道中経費だけでかかった。薩摩藩は七十三日前後の旅程になる。そんな苦労をしても、「人の悪いは鍋島、薩摩、暮六ツ泊まりの七ツ立ち」、夕方六時に着いて朝四時には出立し、宿場に金を落とさないという悪評が歌になった。参勤交代によって幕府は外様《とざま》大名の力をそいだ。街道筋の庶民や人足は大名行列の長持《ながもち》の中にたいしたものが入っていないのを見抜いていた。

大名は家来が寄って馬鹿にする

殿様が言うことには、家臣は「御意《ぎょい》」（仰せのとおり）と答えるばかりで、よってたかって、世間知らずの馬鹿殿にしてしまうということ。三代将軍徳川家光《いえみつ》のころ、幕府は集団指導体制を確立したが、大名家も同じで藩主が無為無能でも、家老ら重臣が藩政を無難に経営した。藩によっては藩政に口出ししない藩主が望まれ、政務に関心をもたないように仕向けられた。最も有効だったのは女で、世継ぎの確保という大義名分も立った。

将軍綱吉《つなよし》のとき、全国に隠密《おんみつ》を放って全大名家の政情を探っている。刃傷《にんじょう》事件の十一年前の赤穂《あこう》藩主浅野長矩《ながのり》については、「長矩は知恵もあり利発である。藩政もよく治まり、武士も百姓も豊かである。しかし女色を好むことがはなはだしい。そのため長矩にへつらって美人を捜し出して進呈するような奸物《かんぶつ》が取り立てられて出世している。女の縁者は力を得て、高禄をむさぼっている。長矩は昼夜、奥にあって女たちと戯れ、政治は幼時から今に至るまで家老まかせである。……若い主君が女色に没入しているのを諫《いさ》めない不忠の臣の行なう政道は、先行きが案じられる」（『土芥寇讎記《どかいこうしゅうき》』）。後代の浅野長矩・大石内蔵助《くらのすけ》とは別人である。二百四十三の大名家の内情が書かれ、もっとひどい大名もいる。

武士は食わねど高楊枝《たかようじ》

※歌舞伎『樟紀流花見幕張《くすのきりゅうはなみのまくはり》』

江戸時代には士農工商という封建的な身分秩序が厳然と守られていた。「士」は幕府あるいは藩の政務を担当する、いわば国家公務員と地方公務員である。苗字《みようじ》・帯刀《たいとう》を許されたのはいいが、つらいことには四民（士農工商）の最上位にあって、農民・町人を教え導びくという倫理的指導者の立場におかれたことである。

ところが武士の家禄は江戸時代初期に決められたままアップしないのに、経済生活はどんどん上昇・膨張したため、家禄では暮らしきれなかった。下級武士ほど食うのに困ったが、そうなればなるほど、武士は気概を高くもてと説かれた。いちばんわかりやすいのが、空腹なのに高楊枝を使う演技である。しかし下級武士が空腹なのは、だれも知っていた。

武士がこんな立場におかれたのには、長くつづいた天下泰平にもよる。戦国乱世の時代には「武士は食わねど高楊枝」などという精神主義は通用せず、「腹が減っては戦《いくさ》ができぬ」と要求できた。侍大将から足軽《あしがる》にいたるまで、一日の兵粮《ひようろう》として五合の米が支給された。この一日五合の米が江戸時代の武士の俸給の基本単位となった。しかし江戸の暮らしの中では功名を上げる機会はなく、どんどん追い詰められていった。

吉原は女郎《じょろう》千人、客一万人

江戸の遊郭吉原は毎夜たくさんの客を集めてにぎわい、「不夜城」といわれた。このことわざには遊女数が千人とあるが、実際には少ないときで二千人余り、多いときで六千人以上もいた。『我衣《わがころも》』には「十三人の女郎にて一昼夜に九十一人の客をとりたり」とあり、平均七人を相手にしている。これは格別繁盛している見世《みせ》の話。ちなみに江戸時代半ば、一七八六年（天明六）の吉原の住人は男八千二百人、女六千三百人（うち遊女は二千五百人）、つまり遊女一人に約六人が寄生していた。

一方、客のほうはほぼ一定していて毎夜一万人ぐらいが遊郭内にあふれた。ただし川柳に「素見《すけん》が七分買うが三分」とあるように、半分以上は冷やかし客である。多くの男は格式ばって値もはる吉原より、違法営業である岡場所《おかばしよ》や夜鷹《よたか》などの私娼を相手に遊んだ。

ところで江戸時代に幕府が公認していた遊郭は、北は江戸吉原から南は薩摩山鹿野《さつまやまがの》まで、日本中でわずか二十五カ所であった。その中でも「京の女郎に江戸の張りをもたせ、大坂の揚屋《あげや》で会えば、この上何かあるべし」（『好色一代男』）と、京都・江戸・大坂三都の遊女と戯れるのが、当時の男が思い描いていた「夢」だった。

※随筆『皇都午睡《こうとごすい》』

傾城《けいせい》の千枚起請《せんまいきしょう》

※洒落本『契情買虎之巻《けいせいかいとらのまき》』

「傾城」は城（国家）を傾けるほどの美女という中国の故事成語。江戸時代には吉原や島原など遊郭の最上級の遊女をさしたが、このことわざでは広く遊女一般をさしている。

彼女たちは営業政策上、金のある客に「起請文」を書いて送った。文面は「末は女夫《みょうと》となり候《そうろう》御約束、外の客へは肌ふれじ。誓を破れば日本六十余州の神々の御罰をうけ申し候」という夫婦約束の誓いで、紀州の熊野権現《くまのごんげん》が発行する「熊野牛王札《ごおうふだ》」という特別の誓紙に署名・血判した。この誓紙が一枚書かれると、熊野の神鳥である烏《からす》一羽が死ぬといわれた。ところが遊女は金づると見るや、手当たりしだいに起請文を書いたというのが、このことわざである。あてにならない約束、信用できない約束のたとえである。

しかし神罰を気にしていたら、遊女の商売は立ち行かない。遊郭では都合のいい解釈が行なわれ、遊女の場合は神仏も職業柄から七十五枚までは起請文を書いても許されるといわれた。もっとも、客は遊女から起請文をもらえばうれしがったが、本気で信じる男はめったにいない。「客ほど嘘はつかぬ傾城」といわれ、遊女と客は巧みに嘘をつき合い、けんかもしながら惚れた関係をつづけていた。

※『譬喩尽《たとえづくし》』

急ぎの文《ふみ》は静かに書け

急ぎの手紙ほど大切な用件だろうから、書き誤りや書き落としのないように落ち着いて書けということ。これは手紙がメールに代わっても言える。それにしても江戸時代の手紙は相手に届けるのが大変だった。当時の郵便配達人は「飛脚《ひきゃく》」であるが、江戸と遠隔地とで手紙のやりとりをするのは武士か商人に限られる。

幕府は公用文書を送達する「継《つぎ》飛脚」を設置し、江戸・京都間を六十八時間（最速五十六時間）で運んだ。御三家の紀州藩・尾張藩や加賀藩も独自の飛脚があった。民営の「町飛脚」は繁盛し、江戸・大坂間で手紙・小荷物・現金・為替を普通便で六日間で届けた。

一方、江戸には市中や近郷を結ぶ「便り屋」（近国近在代参町小使）が営業していた。鈴を下げた文籠をかついで郵便物を集めに来る。集配センターも三カ所あり、郵便料は江戸府内四里（十六キロ）四方で二十四文（約六百円）だった。これとは別に吉原の遊女が客に送る恋文ふうの手紙を専門に配達する「文使い」がいた。これは親や女房に知られず客に手渡さなければならないので、配達料は高かったはずである。吉原からは連日数百通の文が出され、代筆する爺さんや最大手の配達業者「ともへや五兵衛」は大忙しだった。

江戸の敵《かたき》を長崎で討つ

幕府のお膝下の江戸からみると、長崎は西の果てである。このことわざは意外な場所や筋違いなことで、昔の恨みを晴らすことをいうが、その理由は諸説があって定まらない。長崎は江戸から遠いが幕府の直轄領であり、長崎奉行には旗本が任命されるので、人的に江戸と長崎は緊密なものがある。江戸の敵を長崎で討つことはさほど意外ではない。

敵討ちは幕府が武士にのみ例外的に許した私的復讐権である。町人や農民が敵討ちをすれば殺人罪で処罰される。武士でも敵討ちが許されるのは、親・兄・叔父のような尊属が殺害された場合であり、わが子や弟が殺されたのでは、敵討ちは許されない。儒教の考えが筋として貫かれている。

そして敵討ちをする事態が発生したら、だれがだれをどういう理由で討つのかを文書にして、江戸の町奉行所か藩庁へ届け出る。藩からは町奉行所へ伝達される。町奉行所は敵討ちリストとして帳面に記した。それこそ「江戸の敵を長崎で討つ」というように、どこで敵討ちが行なわれても、公許されたものかがわかった。人を殺害して敵討ちと言い立てる者を防いだ。もっとも、敵討ちの旅に出たものの、敵に巡り合わなかったほうが多い。

※滑稽本『八笑人《はっしょうじん》』

恐れ入谷《いりや》の鬼子母神《きしもじん》

「恐れ入る」の「入る」と、「入谷」(今の台東区下谷《したや》)をかけ、さらに入谷にある「鬼子母神」とつづけて七五調にして「恐れ入りました」という意味の洒落言葉《しゃれ》。こうした言い方は江戸っ子の得意で、「有難山《ありがたやま》の時鳥《ほととぎす》」とか「その手は桑名《くわな》の焼き蛤《はまぐり》」、また縁台将棋では「逢《お》うて(王手)うれしや別れの辛さ」などと洒落が盛んにとびかった。

入谷の鬼子母神(真源寺)は子育ての願《がん》がかなうとして、江戸庶民の厚い信仰をうけた。ここで名高いのは初夏の「朝顔市」である。朝顔は江戸時代に観賞用に改良され、多様な花を咲かせることで、とくに文化・文政期(一八〇四~三〇)に鉢植えがブームになった。

入谷から御徒町《おかちまち》にかけてはプロの植木職人と、旗本・御家人がたくさん住んでいて、園芸を通じて相互に交流が栄えた土地柄だった。斑《ふ》入りや矮性《わいせい》(小型化)・変わり咲きの花を作ると、一鉢数両で売れたり、その種子も高値をよんだ。寺門静軒《てらかどせいけん》の『江戸繁昌記』には十両の変種の万年青《おもと》が三百両まで値上がりした話がある。旗本・御家人は当主だけでなく二男・三男もヒマに飽かせて花作《はなづくり》に熱中した。文武では腕をふるえない武士にとって、花作は外聞もいい内職だった。入谷の朝顔市は今も毎年七月初旬に行なわれている。

第二章

食う寝る処に住む処

——江戸の衣・食・住

江戸《えど》紫《むらさき》に京鹿子《きようがのこ》

※随筆『守貞漫稿《もりさだまんこう》』

染め物で紫色は江戸が、鹿の子絞りは京都が一番である。江戸時代の東西両都の染色の特長を言った言葉。紫は奈良・平安時代から天皇・皇族以外は着用を禁じられた禁色《きんじき》の一つであった。江戸時代にはそんなことはなくなったが、高貴な色とはされていた。

紫色には昔から伝統的な「京紫」があり、江戸時代に生まれた「江戸紫」と比べると、「江戸紫は青がちなり、京紫は赤がちにて、葡萄《ぶどう》という果実の熟色ゆえにえび色というなり」(『守貞漫稿』)と、見た目にはっきりと違っていた。江戸紫は歌舞伎『助六由縁江戸《すけろくゆかりのえど》桜《ざくら》』で助六が頭に締めている縮緬《ちりめん》の鉢巻の色である。江戸でいちばんの人気男にあやかろうと、江戸紫はもてはやされた。この特有の紫色は漢方薬でもあったムラサキの根で染めあげる。効果の程はわからないが、江戸紫の鉢巻を締めると頭痛が消えるといわれた。

一方、「京鹿子」は最も早くからある絞り染めの中でも江戸時代になって京都で確立した精緻・豪華な染め物で、手間をかけた総絞りの着物は西陣《にしじん》織・友禅《ゆうぜん》染めと並んで贅《ぜい》をきわめた。幕府は「奢侈《しやし》禁止令」によってしばしば売買を禁止した。京鹿子も歌舞伎舞踊『京鹿子娘道成寺《むすめどうじようじ》』で白拍子《しらびようし》の花子《はなご》がまとい、人々は京鹿子の華麗な舞に心を奪われた。

馬子《まご》にも衣装

※辞書『俚言集覧《りげんしゅうらん》』

馬子は街道で馬を引いて旅人や荷物を運んだ者で、馬方・馬追いともいわれた。『東海道五十三次』などの浮世絵にはハチマキに粗末な肩掛けを着て、腹をあらわにした褌《ふんどし》姿で描かれている。十返舎一九《じっぺんしゃいっく》の『東海道中膝栗毛《ひざくりげ》』では、馬子同士は「伊賀」とか「房州《ぼうしゅう》」のように生国《しょうごく》を名前にして呼び合っている。「馬子に褞袍《どてら》」（馬子にはどてらが似合う）と言われたが、そんな馬子でもちゃんとした衣装を着せれば立派に見えるというたとえ。「馬子にも衣装、髪かたち」、また「公家にも襤褸《つづれ》、馬子にも衣装」ともいう。

初めての人に会うとき、外見で判断するのは仕方がない。それ相応の身だしなみは礼儀である。「内《うち》裸でも外錦《にしき》」、家の中では裸同然でいても、外出するときには無理をしても装って行くというのは、江戸時代の商人・職人の世界でも処世として大事だった。「世間は張り物」といって、世の中は外見を立派に見せて渡っていくものという考え方が一般だった。これに対して、「襤褸《ぼろ》を着ても心は錦」という歌にまでなっていることわざがあるが、これは明治の近代人が発見した自負である。初対面の人から「襤褸を着ても心は錦」と言いわけされても返事に困るだろう。

※随筆『北辺随筆』

帯《おび》に短し襷《たすき》に長し

帯にするには短すぎ、たすきに用いるには長すぎる。中途半端で役に立たないたとえである。帯はふつう三〜四メートルぐらいあり、たすきは二メートル程度である。帯とたすきとでは、織物の素材が違うのではないかと思われるが、それは江戸時代になってからのことである。

たすきは本来は神事のさいに掛けるもので、奈良時代以前の古墳から出土する埴輪《はにわ》の中でたすき掛けしているものは儀礼用の姿と考えられる。時代が下って祭りや田植えなどの年中行事のときにたすきを掛けたのは、単に作業がしやすいためではなく、たすきが礼装だったからである。かつては帯よりも儀礼度が高く、粗略には扱わなかったのである。

ところが江戸時代には家事や農作業のとき日常的に着用されるようになり、来客があればたすきを外して応対するようになった。娘同士ではきれいな色や柄のたすきは贈り物にされたが、一般にはハレの用品ではなくなった。その一方で多彩な発展をみせるのが帯である。長着が常用となって帯は必需となり、さらに姿を美しくみせるポイントでもあり、それ自体が装飾品となった。もっとも、このことわざの「帯」は普段着のものである。

※滑稽本『浮世床《うきよどこ》』

京の着倒れ、大坂の食い倒れ

京都の人は着る物におごり、大坂の人は食べ物にぜいたくして、大金を使いはたす。同一レベルの土地を取り上げて、特徴的な気風・風土の違いをいうことわざの一つの形である。この後に「堺《さかい》の建《たて》倒れ」とつづけてもいう。

この三都市は上方《かみがた》で経済力のあった代表的な都市であるが、ふつう京都・大坂とくれば、江戸がつづく。「江戸の飲み倒れ」といって、江戸の代表は呑兵衛《のんべえ》だった。衣・食・住の住がくれば収まりがよいのだが、江戸の実情からすると、「江戸の建倒れ」とはお世辞にも言えなかった。

江戸後期の大坂の出版元で作家でもあった西沢一鳳《いっぽう》は、一八四一年（天保十二）に江戸を訪れ、一年間滞在してくわしく取材し、『皇都午睡《こうとごすい》』を出版した。その中で京都・大坂・江戸の三都の暮らしを衣・食・住それぞれについて採点してランクをつけた。

衣は①京都②江戸③大坂の順、食は①江戸②大坂③京都、住は①大坂②京都③江戸と、よく見れば三都とも同一得点で、どこからも文句が出ない評価になっている。大坂は食い倒れではなく建倒れで、江戸の食が第一であることは大坂人の一鳳が保証している。

※浮世草子『日本永代蔵《にっぽんえいたいぐら》』

初物《はつもの》七十《しちじゅう》五日《ごにち》

その季節に初めてとれた野菜や果物・魚を食べると、寿命が七十五日のびるということで、江戸時代の人たちは半ば本気で信じ、初物を競って買い求めた。そのため異常な高値になり、幕府は何度も御触書《おふれがき》を出して出荷期日の厳守を命じている。規制品目は一六八六年（貞享《じょうきょう》三）には二十一品目だったが、一七四三年（寛保《かんぽう》三）には三十六品目と拡大し、期日以前に出荷・販売した者は処罰された。それでも解禁日前ならば二倍以上の値がつくので、闇売買が横行した。

初物の代表は初鰹《はつがつお》・初鮭《さけ》・初ナス・初茸《きのこ》で「初物四天王」といわれた。なかでも初鰹は格別珍重された。一八一二年（文化九）には四月の解禁日前の三月二十五日、初鰹十七本が魚河岸に入荷した。六本は将軍家に献上されたが、残りは闇ルートに流れ、高級料亭八百善《やおぜん》が三本を各二両一分（約二十二万五千円）、中村歌右衛門が一本を三両で買い、下積みの役者にふるまったという（大田南畝《なんぽ》『壬申掌記《じんしんしょうき》』）。初鰹は江戸の職人の間では見栄の食べ物で、「初鰹そろばんのない内で買ひ」といわれた。この初鰹もたくさん出回るようになると、百五十文（約三千七百五十円）程度まで値下がりした。

名物に旨《うま》い物なし

「名物は聞くに名高く食うに味なし」といわれる。名ばかりが高くて、格別にうまいものはない。これを強く断定したのが、この「名物に旨い物なし」である。これを土地や景観についていうと、「名所に見所《みどころ》なし」となる。一般に名《な》（名声）が必ずしも実《じつ》（実体）を伴わないことのたとえに使われる。

室町末期・戦国時代に諸国を旅した連歌師の宗長《そうちょう》は、一五二四年（大永四）に東海道の宇津谷《うつのや》峠《とうげ》（静岡市）の茶店で「むかしよりの名物十団子《とおだんご》」について記していて、「名物」が相当古くから成立していたことがわかる。この団子は小豆《あずき》ほどの小さいもので、串ではなく麻紐《あさひも》に十個ずつ数珠《じゅず》のように通して売っていた。

江戸時代に旅が盛んになると、名物が各地に生まれた。宇津谷峠から府中（静岡市）までの十キロほどの間で十団子のほかに、芭蕉《ばしょう》が「梅若菜鞠子《まりこ》の宿《しゅく》のとろゝ汁」と詠んだ鞠子の「とろゝ汁」があり、川柳《せんりゅう》に「安倍川を越えて上戸《じょうご》は待《まつ》ている」とある安倍川餅もある。江戸初期の名物はその土地特有の味わいがあったが、やがて追随品が現われ、旅人は似たような団子や餅・饅頭に失望した。そんな状況をやや誇張したことわざである。

※仮名草子『悔草《くやみぐさ》』

好物《こうぶつ》に祟《たた》りなし

一般に好きな物は食べ過ぎても、腹が痛くなったり、腹具合が変になることはないということ。「飽食の時代」と言われる今日では、血糖やコレステロールなど、長期的な「祟り」を考えなければならないが、その点、江戸時代の人たちの食は健康的であった。

江戸の食べ物というと、すし・そば・テンプラ・蒲焼《かばやき》と外食系が知られるが、ふだん江戸庶民は長屋でどんな御菜《おかず》で飯を食っていたのか。天保《てんぽう》ごろ（一八四〇年前後）の人気御菜番付《ばんづけ》『日用倹約料理仕方角力番付』には、タクアンや梅干しが行司《ぎょうじ》となって、東の精進方《しょうじんかた》に九十五種、西の魚類方に九十六種の御菜が並ぶ。大関から前頭《まえがしら》三枚目まで示すと、

［精進方］八杯豆腐《はちはいどうふ》・昆布油揚げ・金平《きんぴら》ゴボウ・煮豆・焼き豆腐煮・ヒジキ白和《しらあ》え

［魚類方］メザシイワシ・剥《む》き身切干し・シバエビ辛炒《からい》り・マグロ辛汁・コハダ大根・タタミイワシ

町内に必ず豆腐屋があったというのがわかる。一番人気の八杯豆腐は拍子木《ひょうしぎ》の形に切った豆腐を水四・醤油二・酒二の割合で煮たもの。他も一、二種の野菜・魚を醤油で煮ただけで手数のかからないものが多い。朝か夕方に作り、次回の食事も同じ物を食った。

棚《たな》から牡丹餅《ぼたもち》

※辞書『諺苑《げんえん》』

　和洋中さまざまな美味に恵まれているわれわれには、牡丹餅は格別うまいものではない。ところが江戸時代の人々にとっては、牡丹餅はうまいだけでなく、彼岸《ひがん》や盆《ぼん》・収穫祭などのときに祖霊《それい》（先祖霊）や神仏に供えて、そののち共食するハレの食べ物であり、めったに口にできないものだった。

　ことわざに「棚」とあるのは神棚で、供えていた牡丹餅がタイミングよく落ちてきたのである。

　もち米にウルチ米をまぜて炊き、軽くついて餡《あん》やきな粉をまぶすのは今と変わらないが、当時砂糖は薬として貴重だったので塩味だった。オハギともいわれ、牡丹餅との区別ははっきりしない。餡を用いたのが牡丹餅で、きな粉がオハギであるとか、春の彼岸に食べるのが牡丹餅、秋彼岸はオハギであるなどと諸説がある。

　このことわざは、めったに食べられない牡丹餅を労せずに口にすることができるということで、思いがけない幸運に出会うことをいい、几帳面に言えば「棚から落ちた牡丹餅」と言うが、最近はもっぱら「たなぼた」と縮めて多用されている。

※『日用同食養生心得』

鰻《うなぎ》に梅干し

同時に食べると体に害になるとされる「食い合わせ」の一つである。中国・唐《とう》代の医書に記され、日本でも経験的に早くから信じられていたが、戦国時代の名医曲直瀬道三《まなせどうさん》が『宣禁本草』に取り上げてから広く流布した。この本にはフナと辛子《からし》、柿とカニ、雉《きじ》とキノコがあげられている。

江戸時代になると、貝原益軒《かいばらえきけん》が『養生訓《ようじようくん》』（一七一三年刊）中で「同食の禁忌《くいあわせきんき》」をたくさん示した。鹿肉には生菜・鶏・雉・エビ、フナには辛子・ニラ・飴・鹿・セリ・鶏・雉、ギンナンにウナギ、ウリに油餅、キビに蜂蜜、飲酒後の茶ほかが列記されている。むしろ益軒が食い合わせの例としてあげた猪肉・牛肉・鹿肉・兎肉・雉肉・鶏肉・鴨肉・川《かわ》獺《うそ》肉などから、口にしていた肉類の豊富さに驚かされる。

食い合わせの禁忌には科学的な根拠はないとされる。ただし、取り上げている食べ物には消化しにくいもの、腐敗しやすいもの、脂肪が多くて下痢しやすいものがあり、それらは何と食べても体に不調を生むことがあるだろう。基本的には「好物に祟《たた》りなし」（36ページ）といわれるように、好きな物・うまいと思って食べるものは体の害にならない。

※浮世草子『浮世親仁形気《うきよおやじかたぎ》』

腐っても鯛《たい》

鯛は姿形がよく、色も美しいうえに美味なので、昔から「鯛は魚の王」といわれて尊ばれてきた。平安時代には和泉《いずみ》・紀伊・伊勢・志摩・三河・若狭《わかさ》・丹後・讃岐《さぬき》・筑前・筑後・肥後の諸国から税として貢納されている。当時の鯛の主要な漁獲地である。鯛はぜいたくなご馳走であるだけでなく、祝いの膳に欠かせられないハレの食べ物であった。

その鯛も腐ってしまっては煮ても焼いても食えないと思うのだが、鯛については腐っても別格であった。中御門《なかみかど》天皇のときの典薬頭《てんやくのかみ》錦小路《にしきのこうじ》頼庸《よりつね》は、もらった鯛を惜しみすぎて腐らせ、それでも食べて腹痛を起こしている。鯛以外の魚では起きないことで、本来上等なものは少々ダメになっても、価値や品格を保っているという思い込みがある。

出典の『浮世親仁形気』では「布子《ぬのこ》（ボロ）着せても美人には人が目を付ける。腐っても鯛とはよういうたものぢゃ」とあり、かつては豪商で金に糸目をつけずに育てた愛娘《まなむすめ》について、今は落魄《らくはく》した父親が言った言葉である。娘を溺愛するあまり嫁がせず、ついに老嬢にしてしまった。それでも「腐っても鯛」で、娘はきれいだという変な娘自慢なのである。鯛に対しては、昔の人は格別な思いを抱いていたようである。

河豚《ふぐ》は食いたし命は惜しし

※滑稽本『人心覗機関《じんしんのぞきからくり》』

フグは冬の美味として珍重される。「おそろしきものゝ喰《くい》たき雪の空」（『柳多留《やなぎだる》』）と川柳《せんりゅう》にあるように、雪が降りはじめるとフグシーズンの到来で、もっぱらふくと汁（フグ汁）にして賞味された。しかし肝臓と卵巣には猛毒があり、それなのに素人が気軽にさばいて食べていたので、命を落とす者が多かった。

芭蕉《ばしょう》も「あら何ともなやきのふは過《すぎ》てふくと汁」と、昨夕おそるおそる食べたフグ汁が何ともなかったので安心している。「河豚食う無分別、河豚食わぬ無分別」「河豚汁を食わぬたわけに食うたわけ」といわれるように、決断のいる食べ物だった。

一八一四年（文化十一）に成った『塵塚談《ちりづかだん》』には「河豚、鰶魚《このしろ》、我等若年の頃は、武家は決して食せざりし者也」とある。主君のために戦場で命を落とすのを本分とする武士が、フグの毒にあたって死ぬのは大なる不忠と考えられていたのである。現にフグ死した者の家禄を没収する藩が多かった。

もともとは安直な食べ物で、長屋住まいの者も仲間同士でナベを囲んで食べていたが、すでに『塵塚談』に「近年は値上がりして、庶民の口にはなかなか入らない」とある。

いつも月夜に米の飯

※浮世草子『世間学者気質《かたぎ》』

一年中毎日が月夜で、そのうえ米の飯も毎日食えたら、こんなにいいことはないという意味。この二つながらが恵まれている現代のわれわれには、明るい「月夜」のありがたさも、「米の飯」の尊さも理解できない。

江戸時代には夕方になると女房・娘・子供は外出しなかった。男も提灯《ちょうちん》に火を灯《とも》して出かけるのは、よほど大事な用事があるときに限られる。その代わり月の光が少しでもあれば、提灯なしでも夜道をさっさと歩けた。

江戸の奉公人は毎日、米の飯だけは心おきなく食えたが、長屋の住人となると十日先、ひと月先のことはわからない。毎日の飯が保証されることは夢だった。「米の飯と天道様《てんとうさま》はどこへ行っても付いて回る」という楽天的なことわざがある。もっと強気なのは「女房と米の飯は行く先にある」と、女と米の飯には困らないというのもある。

そうはいかなかったことは落語『唐茄子屋《とうなすや》政談』の若旦那徳三郎がいい例で、勘当されて「お天道様と釜の飯は付いてくる」と大見得を切ったが、すぐに「お天道様は付いてまわってるが、米の飯は付いてまわらない」と悟《さと》って絶体絶命になっている。

※人情本『軒並娘八丈《のきならびむすめはちじょう》』

贅沢《ぜいたく》過ぎての食《しょく》好み

食のぜいたくをしつくし、あたりまえのものでは満足できず、変わったものばかり食べたがること。ぜいたくに飽きて、わざと変な食い方をするのを「蕎麦切《そばきり》を酢《す》で食う」「饂《う》飩《どん》を茶で食う」というが、このことわざは食材自体が変わっている「如何物食《いかものぐ》い」である。そこへ至るまでの「過ぎた贅沢」とはどういう食べ物なのか。西鶴《さいかく》の『万《よろず》の文反古《ふみほうぐ》』に「栄耀献立《えようこんだて》」がある。大坂の呉服屋が何か魂胆があって豪商を接待するメニューである。

「主人は病後のため最近は美食を好みません。無用な分について言いますと、初めの大汁に雑魚《ざこ》をごったに入れるのは結構ですが、竹輪《ちくわ》と皮鰒《かわふぐ》ははずしてください。お膳の前につける鮎鱠《あゆなます》は川魚がつづくので、これも不要です。次に各人に杉焼き（杉の香りを移した焼き物）を付けるとよいでしょう。鯛と青鷺《あおさぎ》がよい。煮ざましに真竹の筍一品はしゃれていてよい。割海老に青豆の和《あ》え物、吸物は鱸《すずき》の雲腸《くもわた》、膳にそえる肴に小鯵の塩煮、たいらぎ貝の田楽《でんがく》、また吸物になって燕巣《えんそう》に金柑麩《きんかんふ》、いずれも吸物は味噌汁はいけません。酒三献あって、ひとまず膳を引いてください」

これがコースの前段で、江戸のグルマン（食通）のメニューの一部にすぎない。

腹も身のうち

※洒落本『南閨雑話《なんけいざつわ》』

大食漢に対する悪口は「馬鹿の大食い」「怠け者の大食い」「痩せの大食い」など数多い。一方、大食を健康上から戒めたことわざには、この「腹も身のうち」のほかに「腹八分目に医者いらず」「大食は命の取り越し」など、表現はさまざまだが同じ意味である。

江戸時代の食料事情は、江戸を離れた関東・東北の農村には慢性的に不作・飢饉による飢餓が広がり、大食とは無縁の世界である。一方、江戸に目を向けると、そこには飽食の光景がある。最も極端なのは江戸のあちこちで催された大食・大酒会である。

早くは慶安期（一六五〇年ごろ）にあるが、一八一七年（文化十四）の両国柳橋の萬八《まんぱち》楼《ろう》の会が名高い。上位の成績は三河島の三右衛門（41歳）が茶づけ茶碗で六十八杯、浅草の和泉屋吉蔵（73歳）が五十四杯、小日向《こひなた》の上総屋茂左衛門（49歳）が四十七杯とある。

このときは他に酒組・菓子組・蕎麦《そば》組・茶づけ連も競っていて、いちばん盛り上がったのは大酒会約四十人だった。三升入りの大盃で六杯半を飲んだ男がトップだった。「腹も身のうち」ということをわきまえない乱暴で異常な飲食である。江戸の外に広がる飢饉・飢餓におびえて、いっときの大食・大酒にはしっている感じである。

早寝早起き病《やまい》知らず

早寝早起きが健康によいのは明らかである。しかし、このことわざは隠居ならばともかく、商人・職人・農民には許されない。似たことわざに「早起きは三文の得」「早起き三両、倹約五両」「朝起きは富貴《ふうき》の元」「朝起きの家には福来る」とあり、いずれも「早起き」が家計のプラスとして奨励されている。しかし「早寝」はしてはならなかった。

幕府は一六四九年（慶安二）、農民に対して「早起きをし、朝は草を刈り、昼は田畑耕作にはげみ、夜には縄をない、俵を編め」（「慶安御触書《おふれがき》」）と勤勉を命じ、早寝を戒めている。西鶴《さいかく》も毎日服用すれば富豪になれる「長者丸《ちようじやがん》」なる薬を紹介していて、処方箋は「朝起五両、家職二十両、夜詰《よづめ》八両、始末十両、達者七両」（『日本永代蔵』）、締めて五十両である。この「両」は薬の目方だが、儲けと考えた方がわかりやすい。これは都市の商人向けの勤勉で、朝起（早起き）よりも夜詰（夜なべ）のほうが重視されている。夜なべに灯火（油・ロウソク）を用いていたら、出費の方が大きくなると思うのだが、日が暮れたから寝るというのは、農民も商人も許されていなかった。「子《ね》に臥し寅《とら》に起きる」（88ページ）と、四時間睡眠でがんばっている者もいる。

風邪は万病の元

風邪からさまざまな病気がおこるから、風邪を軽視してはならないという意味。日本最古の医書『医心方《いしんほう》』に「風は百病の長なり。その変化するに至って他病となる。常方なし」とあり、平安時代には「風病」が変化して他の病気になると考えられていた。そのため咳病《がいびょう》・黄疸《おうだん》・霍乱《かくらん》・赤痢《せきり》・痢病《りびょう》は「風病」系にひとくくりされていた。現代でも風邪には別の病気が合併していたり、風邪にまぎらわしい症状があって、診断がむずかしい。

江戸時代になって「はやり風」（インフルエンザ）がしばしば流行して恐れられた。「はやり風十七屋《じゅうしちや》から引きはじめ」とか「はやり風三井が見世で小半年」といわれたように感染症であることは知られていた。「十七屋」は飛脚屋《ひきゃくや》、「三井」は越後屋呉服店で、店員が多いので全員にうつるのに時間がかかるということ。当時は葛根湯《かっこんとう》が多用された。

江戸時代には何度も「はやり風」があり、とくに罹患者が多いときには「稲葉風」「お駒風《こまかぜ》」「谷風」のような名がつけられた。「お駒風」は白子屋《しろこや》おくまの密通事件が歌舞伎で大当たりしたので、また「谷風」は四代目横綱谷風梶之助が最初にかかったので、この名がついた。当時いちばんの人気娯楽・人気者から命名されている。

木乃伊《みいら》取りが木乃伊《みいら》になる

※浄瑠璃『本朝二十四孝』

薬用にするためミイラを取りに行った人が目的をはたせず、自分がミイラになってしまったというのが原義で、①人を連れ戻しに行ったのに、そのまま一緒にとどまってもどらないときや、②説得に行ったのに逆に説得されて相手に同調してしまったときに使われる。

ミイラは江戸時代に万能薬として広く知られ、それにともない、このことわざもよく知られた。徳川綱吉《つなよし》が五代将軍に就いた一六八〇年（延宝八）ごろ、江戸赤坂の生薬屋大坂屋が「赤坂蜜人《みつじん》」という万能薬を売り出した。「蜜人」はミイラのことで、中国の医書『本草綱目《ほんぞうこうもく》』にも万能薬とあり、ヨーロッパでも中世から粉末薬にして珍重されてきた。それが十六世紀後半、ヨーロッパから日本に一体が伝わり、薬用にされた。その後も「木乃伊」といわれる断片が輸入され、薬用にされたが、非常に高価だった。

大坂屋のミイラ薬は松ヤニに数種の薬を配合したものでミイラと関係がなかったのだが、安価で何にでも効くという触れ込みなので、八年にわたって大名から裏長屋の熊や八まで服用した。五十年ほど後の『昔々物語《むかしむかし》』には「病気には何にも効かず、またあたりもせず、何の益なき薬なり」とある。副作用がなかったのは立派だとほめるしかない。

薬《くすり》九《く》層倍《そうばい》

※俳書『譬喩尽《たとえづくし》』

薬の値段が、原価からすると非常に高いこと。「九層倍」は「薬」と頭音をそろえたもので、多くの薬は九倍どころでない。「薬九層倍、呉服五層倍、百姓百層倍」とも使われるが、百姓は一粒の種から百倍の収穫を得るということで暴利の意味ではない。

江戸時代には医療・薬は秘法に属していた。薬は毒薬と偽薬《にせぐすり》でなければ、効こうが効くまいが、だれが何からどんな薬を作って売ろうが処罰されなかった。偽薬というのはゴボウを朝鮮人参と偽って売るようなケースをさし、うどん粉を労咳《ろうがい》（肺結核）に効くと言って売るのは勝手だった。この「無効無害主義」は昭和の敗戦前までつづいた。

処方も効能も定まっている「地黄丸《じおうがん》」や「黒丸子《こくがんし》」などが売られる一方で、正体不明の薬が高値で売られた。薬屋が本業で作家が副業だった式亭三馬《しきていさんば》は「金勢丸《こんせいがん》」「天女丸《てんにょがん》」などの売薬を派手に宣伝・販売しているが、効能書きはさすがに手慣れていて、「……繁く子を産む人、この薬（天女丸）の用いようにて何カ年も懐妊せず。もはやよき頃と思わば薬を止むべし。その日より懐妊すること自在の奇方なり」と、効能を創作している。値段は百二十四文だったから極端な暴利ではないが、「九層倍」なんかではない。

尻に目薬

※辞書『俚言集覧』

見当違いなこと、またまったく効き目のないことのたとえである。どうしてこんなことわざが生まれたのか。江戸時代に目薬と尻とが結びつく話として、こんなものがある。

目薬は戦国時代から軟膏で売られ、小田原の「五霊膏《ごれいこう》」は水に溶き、信濃の「雲切目《くもきり》薬」はそのまま目尻に塗った。ところが後者は殺菌・消炎作用がすぐれ、痔《じ》の薬としても評判が高く、善光寺参りのみやげとして広く知られていた。目薬と尻が結びついた第一話。

砂ぼこりの激しく舞う江戸ではその後、さまざまな目薬が売り出されたが、剤形は軟膏のほか粉薬も現われた。艶笑落語に『目薬（尻の目薬）』というのがある。

目病みの亭主が高価な粉目薬を買って帰ってきた。が、夫婦そろって字が読めない。二人で懸命に解読し、「このくすりは□のしりにさすべし」とまではわかったが、肝心の一字がわからない。「どこかで見たことがあるんだ」「女湯ののれんにある字だよ」。「女」のくずし字は「め」に似ている。亭主は妙な使用法と思いながらも説き伏せて、女房の尻に目薬をふりかけた。女房はくすぐったくて、たまらず一発放った。と、薬が飛び散って亭主の目に入った。「こうやって使うのか！」という平和な話が第二話。

二階から目薬

※俳書『譬喩尽』

目薬は自分で点眼しても、うまく目に入らない。それを他人に、しかも二階から点眼してもらうという。思いどおりにならなくてもどかしいたとえにいう。

目薬というと、われわれは今ある点眼薬を思ってしまうが、江戸時代の目薬はまったく違う。徳川家康が城下町を造成していたころ、「五霊膏」という目薬が売られた。ハマグリの貝殻に軟膏が入っている。砂ぼこりの舞う江戸では必需薬であった。使うときは少量の水で軟膏を溶き、これに糸を浸し、その糸を目の上に持ってきて薬液を点眼した。

この後、「清霊膏」「光明膏」「霊円膏さし薬」などのブランド目薬が生まれた。「真珠明《めい》眼散《がんさん》」という粉薬もあって、やはり水に溶いて用いた。現在のような薬瓶で「二階から目薬」ならば点眼も不可能ではないが、江戸の流儀ではさぞかしもどかしかったはずである。じれったいので、膏薬や粉薬を直接目尻に付ける者が多かった。

戦国時代から幕末まで、多くの宣教師や医師がヨーロッパから来日したが、彼らの日本の第一印象は眼病者が異常に多いことだった。これは寺社に参詣して閼伽水《あかすい》や神明水《しんめいすい》とよばれる溜まり水でみなが洗眼して平癒を祈願したためで、ここが感染源になっていた。

薬より養生《ようじょう》

病気になって薬を飲むより、ふだんから健康に心がけて、体を大切にして暮らすことが大事だということ。「医者より養生」ということわざもある。

これには江戸時代にはだれでも勝手に医者を開業できたので、医療の知識も技術もおそまつな医者が少なくなかったという事情がある。そうした医者が薬を処方・調製するのだから、「毒にも薬にもならぬ」というのはよいほうで、「薬から病を起こす」ということもよくあった。これは売薬についても言えることである。薬もだれもが勝手に作って売り出してよかったので、いいかげんな薬がたくさん出回っていた。

この「薬より養生」は病気になる前の心がまえであるが、病気になった後もなまじっかな薬を服用するよりも、薬など飲まず「薬用いずして中医《ちゆうい》を得る」といわれた。人間には自然治癒力が備わっていて、薬を飲まなくとも中ぐらいの医者にかかったのと同じだということ。その力を大事にして、「薬より看病」「一に看病、二に薬」といわれた。

これらのことわざは人々が病気の折ごとに口にしたことである。そして「大病に薬なし」ということも知っていた。現代のわれわれは江戸時代の人の何十倍も薬を飲んでいる。

湯に入《い》りて湯に入らざれ　※『臥雲日件録《がうんにっけんろく》』

風呂に入るのは健康のためによいが、だからといってあまり何度も入るのは逆に体によくないということ。温泉に泊まりがけで行くと、着く早々にまず温泉につかり、寝る前にはまた湯に入り、翌朝は朝風呂に入るという人は多い。湯疲れして家に帰り着く。

江戸で銭湯が開業したのは一五九一年（天正十九）で、当時は蒸し風呂だった。二十年ほど後の慶長期には町ごとに銭湯ができたが、湯女《ゆな》が待ち構えていて風俗営業化している。今日のような湯舟の銭湯が一般化したのは江戸後期である。一八〇八年（文化五）当時、江戸には五百二十三軒の銭湯があり、混浴風呂三百七十一軒、男風呂百四十一軒、女風呂十一軒であった。入浴料は大人十文、子供六文。男湯・女湯が別ではやっていけない。

江戸の住人は風呂好きで一日に何度でも入れるフリーパスがあり、一カ月で百四十八文だった。彼らの夢は一生に一度、箱根か草津《くさつ》の湯につかりたいというものだった。その夢を現実にした「薬湯」ができ、箱根や熱海から原湯を樽詰めにして船で運んだ。文政年間（一八一八〜三〇）で二十〜三十二文とふつうの銭湯の二、三倍もした。七〜十日で湯を入れ替えるので、新湯《あらゆ》の日に客が殺到した。ただしニセの箱根温泉湯が指弾されている。

※歌舞伎『善悪両面児手柏《ぜんあくりょうめんこのてがしわ》』

年寄りの冷や水

年寄りが健康や体調を考えずに冷たい水をがぶがぶ飲むこと。年齢にふさわしくない危険を冒したり、でしゃばったふるまいをするたとえで、同意のことわざに「老いの木登り」「年寄りの力自慢」などがあり、年寄りはそうしたことはするなということ。また「冷や水」を体に浴びるなという意味では「年寄りの秋の井戸端」ということわざがある。

江戸っ子の自慢の一つに「水道の水で産湯《うぶゆ》をつかい」というのがある。神田上水と玉川上水が建設されて、四代将軍家綱《いえつな》のときには水道が確保されていた。しかし隅田川以東の本所・深川には水道がなく、洗濯や銭湯は井戸水で足りたが、飲用水は水売りから買わなければならなかった。この水は江戸市中の水道の余り水を船に積み込んで本所・深川へ運び、そこからは水桶を天秤棒《てんびんぼう》でかついで得意先を売り歩く。一荷《か》（二桶《おけ》）単位で売るのだが、一八一七年（文化十四）の水不足のときは高騰して半荷ずつ売り買いした。

水売りは体力と責任が不可欠の職業で、落語『水屋《みずや》の富』は千両の富籤《とみくじ》に当たったのに飲用水を待つ人のために廃業できない水売りの話である。なお砂糖入りの水に白玉を浮かせ、一椀四文で「ひゃっこい〳〵」と売り歩く「水売り」もいた。水はとくに冷たくない。

※滑稽本『風流志道軒伝《ふうりゅうしどうけんでん》』

医者の不養生

医者は明治初期まで何ら必要な資格がなく、だれでも勝手に開業することができた。そのため江戸時代にはしっかりと医術を修業した医者だけでなく、藪《やぶ》医者にも達していない筍《たけのこ》医者も開業していた。漢方には外科手術がなく、口達者なら筍医者でも通用した。

このことわざは藪医者ではなく、ふつうの医者が患者には健康的な生活を説いていながら、自分自身は不摂生をしているのである。他人には立派なことを言いながら、自分は実行しないたとえとしてよく使われる。類義語に「紺屋《こんや》の白袴《しろばかま》」（90ページ）、「髪結いの乱れ髪」などがあり、当時の人がそれぞれの職業人を的確に見ていたことがわかる。

江戸初期には医者は多く儒者（学者）が兼ねていて「儒医《じゅい》」とよばれた。漢文で書かれた医書は儒者しか読めなかった。その後、医者は職人として認知されたが、社会的には儒者・僧侶とともに特別な立場におかれた。幕府はこの三者に庶民を教導する役割を担わせたかった。しかし「学者の不身持ち」「坊主の不信心」とともに不養生・不行跡な医者は多かった。幕府が知識人の代表とした医者・儒者・坊主に対しては批判的なことわざが多く、江戸庶民の健全な反応といえる。

病膏肓《やまいこうこう》に入《い》る

※滑稽本『根無草《ねなしぐさ》』

治療の手立てのない病気にかかること、また趣味などに没頭して他をかえりみないことをいう。「膏肓」の「膏」は心臓の下部、「肓」は心臓の上部で、鍼《はり》も薬も効かないという。もとは中国古代の『春秋左氏伝《しゅんじゅうさしでん》』の言葉だが、江戸時代には藪医者は患者に平気で「病膏肓」を宣告した。万一治ってくれれば、名医の評判が立つ。

商家の主人ならば医者を何人もよんで治療してもらったが、裏長屋の独居老人は医者にかかれない。長屋住人が順番に介護したりしたが、それも限度があった。こんなときのために将軍吉宗《よしむね》は一七二二年（享保七）、町奉行大岡忠相《ただすけ》（越前守《えちぜんのかみ》）に命じて小石川薬園内に入院・加療施設として小石川養生所を設置させた。内科医二人・外科医二人・眼科医一人、それに看護師・薬剤師・雑用担当の男女十人が詰めていた。治療代も食事もタダである。当初は定員四十人だったが、のち最大で百五十人が入院できた。

開設して約五十年後だが、年間入院者三百三人のうち全快が百五十五人、難治で帰宅させた者三十五人、全治前に本人の希望で帰宅した者八十六人、治療むなしく死亡したのは二十人だった。このほか入院態度が悪くて追い出された者がやはりいる。

酒は百薬の長

※狂言『餅酒《もちさけ》』

酒に関することわざはたくさんある。酒の徳をたたえたもの、逆に酒の弊害を強調したもの、酒の飲み方を説いたもの、下戸《げこ》のうらみとさまざまである。呑兵衛《のんべえ》の好きなことわざは、この「酒は百薬の長」である。酒はすべての薬の中で健康に最もよいというお墨付きである。ただし、適量を飲めばの話である。この適量がむずかしい。「酒三杯は身の薬」「酒は三献に限る」といわれるが、酒好きにとっては盃《さかずき》三杯は呼び水である。呑兵衛は適量がわからないうえ、適量で止められない習癖がある。「酒は百薬の長とはいえど、よろづの病は酒よりこそ起これ」(『徒然草《つれづれぐさ》』)、つまり「酒は百毒の長」になりかねない。

酒は本来お神酒《みき》であって神に供え、共同体の成員がそろって飲んだ。金を払えば酒が飲める酒屋が現われたのは鎌倉時代だが、江戸時代になると諸藩は他領へ金銀が流出するのを防ぐため、領内での酒醸造と販売を奨励した。その中から各地に銘酒が生まれ、灘《なだ》・伊《い》丹《たみ》・池田・伏見などの銘酒が江戸でももてはやされた。文化初め(一八〇四年ごろ)、江戸には「五歩に一楼《ろう》、十歩に一閣《かく》、みな飲食の店ならずという事なし」(『一話一言《いちわいちげん》』)と、飲食店が軒を並べていて、現代の飲み屋街の原景が生まれている。

起きて半畳《はんじょう》、寝て一畳

※辞書『諺苑』

人間一人が起居に必要なスペースはわずかで、起きているときは半畳、寝るのには一畳あれば足りるという意味である。「起きて三尺、寝て六尺」ともいう。必要以上のものは望まずに満足すべきであるということだが、これでは寝返りも打てない。

衣食住について必要最低限の暮らし方を説く江戸時代のことわざは多い。衣では「着物は寒くないほど」、寒くなければ十分で着飾る必要はない。食では「千石万石も飯一杯」、旗本も大名も食う飯は椀一杯で足りる。それにこの「起きて半畳……」など、いずれも最低レベルの生活で満足するよう説いている。

とくに住まいについては、『金言童子教《きんげんどうじきょう》』（一七二九年）には「家は金殿にあらずと雖《いえど》も漏《も》れざれば即《すなわ》ち良しとす」などと雨露をしのげれば十分であるといい、「大きい家には大きい風が吹く」「広き家は鞘鳴《さやな》り」と、広壮な家に暮らすことをまるで悪事であるかのように言っている。

江戸後期の作家西沢一鳳《いっぽう》は京都・大坂・江戸の三都を住み比べしたが、江戸の住環境はいちばん劣悪だと指摘している。

九尺二間《くしゃくにけん》に戸が一枚

江戸の裏長屋の一軒の規格である。間口《まぐち》九尺（約二・七メートル）、奥行二間（約三・六メートル）、六畳のスペースだが、入口の土間には水がめと煮炊きする台所があるので、寝起きするのは四畳半しかない。一棟にこれが何軒か連なっている。独り者か夫婦二人ならいいが、夫婦と子供二人の四人家族が暮らしている場合も少なくなかった。

こうした長屋の多くは何度も火災で焼失しては、町奉行所の要請で富商（地主）が半ば慈善心から建てて大家に管理をまかせていた。火事で炎上するのを前提に建てるので、造りはおそまつをきわめた。南町奉行を務めた根岸鎮衛《やすもり》の『耳嚢《みみぶくろ》』に、こんな話がある。

ある棟割《むねわり》長屋に夫婦者と独り者が隣り合わせに住んでいた。亭主が働きに出た後、女房は片づけをしていて屁《へ》を一つ落とした。これを隣室で寝ていた独り者が聞き、「女にて、人もなげなる放屁《ほうひ》なり」と、あざ笑った。この言葉が女房の耳に入り、男の部屋に怒鳴り込んできて、「わが宿にて屁をひるを、何の嘲り笑うことや。いらざる世話なり」と大ゲンカになった。これほど裏長屋の建て付けはおそまつで、声も音も筒抜けだった。家賃は文政期（一八一八～三〇）で月三百文（約七千五百円）から五百文であった。

灯台下暗《とうだいもとくら》し

※俳書『毛吹草《けふきぐさ》』

この「灯台」は夜間に船舶の航行を助ける灯台ではなく、部屋の中を明るくする照明具の灯台である。灯油を油皿に入れ、灯芯をひたして火をともす。一般的なのは台付きの一本足で、丈の高いものを「高《たか》灯台」、低いものを「切《きり》灯台」といった。少し離れた周囲を明るくするが、真下には明かりが届かずに暗い。そこから身近なことが、かえってわかっていないたとえに使われる。

ところで灯台は不安定なうえに火もむきだしで消えやすく、また光源としても効率が悪かったので、江戸時代には油皿の周囲に紙を張った枠をつけた「行灯《あんどん》」が照明具の主流となった。しかし灯台や行灯に用いられる菜種油は非常に高価だったので、庶民は使えなかった。ロウソクは菜種油以上に高い。イワシなどから取った魚油も使われたが、臭いうえにたいして明るくなく、庶民は日が暮れると寝るのが暮らしの基本であった。

もっとも、幕府は夜なべ仕事を怠らないように御触書《おふれがき》で厳命しており、農漁村では現実に夜なべをしないと生計が成り立たなかったので、月明かりや囲炉裏《いろり》の火などで俵作り・縄作り・漁網の繕《つくろ》いなどをした。

家売れば釘《くぎ》の価《あたい》

※俳書『毛吹草』

家を建てるときは大金がかかるが、売るとなると捨て値になってしまう。「家売らば縄の価」「家の建て売りは釘代」ともいい、これは現代でも同じだが、江戸時代にはずっと極端だった。家屋敷を買う者に二つのタイプがあり、一つは自分が住む家を買う人。もう一つは資産運用のために買う人。このことわざで悔しがっているのは前者であり、後者は釘の価ならば買う。安永期（一七七〇年代）に江戸で高利貸をしていた名古屋検校《けんぎょう》は、町屋敷を十二カ所、家質《かじち》（担保として押さえていた家屋）を四十六カ所も所有していた。

「百両はする我が家ながら買い手がなく、だからといって四間も間口のある家をただでやるわけにもいかず、樽代《たるだい》（一種の礼金）として銀五十匁か三十匁ももらえばくれてやるのだが」（『本朝二十不孝』）と、一両足らずの金でほうり出す気になっている男がいる。

しかし屋敷の売買には売り渡し証文を作らなければならず、これには町役人・五人組の保証印が不可欠であった。その礼金ほか各種の経費が必要になり、相当な値で売れないことには引き合わなかった。当時は借家が多く、家賃は安かったので、よほど金のある人でなければ土地付き一戸建を買う人はいなかった。

住めば都

※俳書『世《せ》話《わ》尽《づくし》』

どんなに不便でさびしい所でも、住みなれれば愛着がわいて、今暮らしている所がいちばん住み心地がよいと思えること。江戸時代の人にとって「都」といえば、「三都」とよばれた京都・大坂・江戸である。地方に暮らす人は一度は政治・経済・文化の中心で活気にあふれる都を見てみたいとあこがれた。

その「都」に対比されるのは「田舎」で、両者間については「田舎の学問より京の昼寝」（田舎で学ぶより京都で昼寝していたほうが、学問は身につく）といわれるほど、大きなギャップがあった。そこから「住めば都」に対して、「住まば都」（住むのだったら断然、都がいい）ということわざも生まれた。

そうはいっても職業や居住地を勝手に変えることは許されなかった。出稼ぎに出る場合でも、村役人を通じて領主の許可が必要だった。それをせずに住む土地を勝手に出れば、農民ならば欠落《かけおち》や逃散《ちょうさん》（集団逃走）、武士ならば脱藩となり、重刑が待っていた。

この「住めば都」は逆に都市から田舎へ移るのだが、そうしたことを言える境遇の人物といえば学者や文人、また武家や商家の隠居など、恵まれた立場の人にかぎられた。

第三章

泰平の世はかく生まれけり

――江戸の社会と経済

船頭《せんどう》多くして船山《ふね》へ上る

※俳書『毛吹草《けふきぐさ》』

一艘の船に何人もの船頭がいたのでは、船子《ふなこ》（乗組員）への指図があちこちから出て、船はとんでもない方向へ進んでしまうたとえ。「板子《いたこ》一枚下は地獄」といわれる船では、命令を下すのは一人でなければ危ない。登山や探検・軍事行動でも鉄則である。

このことわざの船は相当に大きな船である。旅人の半数以上が船に乗った東海道の宮《みや》・桑名《くわな》間のルートには、五十三人乗りの船が就航していた。広重《ひろしげ》の『東海道五十三次／桑名』にそれらしき船が見える。しかし、このことわざから思い浮かべる船は菱垣廻船《ひがきかいせん》・樽《たる》廻船・北前船《きたまえぶね》などに用いられた、外洋を航行できる堅牢な弁財船《べざいせん》だろう。

船頭は船主自身である場合もあるが、多くはベテラン船頭が雇われた。船子は大きな二千石船でも二十人前後であったが、この中にもベテランが多く、船頭に力がないと勝手に行動しかねない。荷を積めるだけ積んで酒田あたりから大坂や江戸へ向かう。

北前船は金になる物を選んで買積みし、その買い付けは船頭の仕事だった。船頭しだいで一航海の儲けに大差が出た。船主は俸禄とは別に全積載量の一割程度を、船頭が自分の荷として船積みするのを許した。船が「山へ上らない」ための一種の保険と言ってよい。

町《ちょう》には事なかれ

※浄瑠璃『奥州安達原《おうしゅうあだちがはら》』

町内にもめごとが起きないでほしいという意味で、「村に事なかれ」ということわざもある。幕府から住民統治の末端を担わされていた町名主《まちなぬし》や大家たちの思いである。

たとえば町内で何らかの事件が起きて町奉行所《まちぶぎょうしょ》へ訴えることになると、事件の当事者だけでなく町名主・月行事《がちぎょうじ》（名主の補佐役）・五人組・大家がそろって奉行所へ同道して、事件について説明しなければならなかった。この吟味には少なくとも半日はかかる。訴人《そにん》は町役人らに日当を払うことになっていたが、そんな経済力のない訴人のほうが多い。

それよりも町名主や大家は多忙の身であり、奉行所へ呼び出されるのは不名誉なうえ大迷惑だった。町役人の多忙さの一例として、「明日、将軍の御成《おなり》（外出）があるから、火の用心をせよ」という御触《おふれ》が出されたとする。御触は町奉行→町年寄（江戸に三人）→町名主（約二百六十人）→大家（二万人余）と下達《かたつ》され、それぞれが御触を筆写して、最後に大家が店子《たなこ》へ読み聞かせた。この間に大家は長屋の病人を見舞ったり、夫婦げんかをしずめたり、また家賃の徴収もある。半日以上も町奉行所に拘束されてはたまらない。彼らはひたすら町内で問題の起きないことを願い、起きたときも示談ですませるようにした。

捨子《すてご》も村のはごくみ

※浮世草子『和国小性気質《わこくこしょうかたぎ》』

村に捨子があれば、その子は村人全体で育ててくれるものだ。この世には人情がちゃんとあるから、さほど心配することはないという意味。「はごくみ」は「育《はぐく》み」、ことわざには「村」とあるが、むろん「町」でも同様の対応だった。これを一般化して言ったのが「渡る世間に鬼はなし」である。

捨子と紛らわしいのに迷子があった。だいたい三歳以上の子は迷子とされ、それ以下が捨子として取り扱われた。捨子と迷子がいちばん多かったのは、江戸時代半ばにすでに百万都市となっていた江戸である。捨子や迷子は最初に見つけて保護した町あるいは村が面倒をみると定められていた。江戸ならば各町内に設けられていた自身番屋に届ける。ここには常時、町役人（地主・家主などの五人組）が交替で詰めており、身柄が保護された。

そして捨子・迷子の引き取り人が現われない場合、家屋敷をもつ町人が金を出し合って、町全体で養育する責任を負わされた。その経済的な負担は大きかった。十二、三歳になると、大家の口利きで大工などの職人や商家などの奉公先を世話するが、それまでグレずに育ってくれるよう、町内のみなが見守って育てた。

駕籠《かご》に乗る人、駕籠担《かつ》ぐ人、そのまた草鞋《わらじ》を作る人

※浄瑠璃『博多《はかた》小女郎波枕《こじょろうなみまくら》』

世の中にはさまざまな身分・職業・境遇の人がいるということ。また世の中はいろいろな人のつながりで成り立っているということ。このことわざは「駕籠」に着目して、人のつながりをあげているが、もっと広い視野では「風が吹けば桶屋《おけや》が儲《もう》かる」がある。

駕籠は乗る人の身分に応じて多種多様あり、上は将軍・大名・武家の女性が乗る「乗物」から、下は町人が乗る「町駕籠」や街道を行く「道中駕籠」があり、さまざまな駕籠が往来していた。「駕籠を担ぐ人」を「陸尺《ろくしやく》」といい、これにも武家奉公人から市中や街道を行く者がいる。一方で臨時に雇われるパートの陸尺もいて、たとえば参勤《さんきん》交代の大名家が江戸市中を行列するときだけ、幕府が定めた陣容を調えるために雇われた。

陸尺を斡旋する人宿《ひとやど》（職業仲介業者）では細かな日当を定めていて、明け六つから暮れ六つまでで「平人《へいじん》陸尺」（身長百六十八センチ以下）で銀二匁五分位だった。陸尺の身長しだいで、行列の見栄えが相当に違うからである。陸尺の身長には四ランクあり、最上位の「上大座配《ざはい》」（百七十六～百八十二センチ）の日当は銀十匁（約一万七千円）と、最下位の四倍もした。行列の先頭を行く奴《やっこ》も「赤坂奴」といわれたプロのパートである。

※『北条氏直《ほうじょううじなお》時分《じぶん》諺留《ことわざとめ》』

氏《うじ》より育ち

人は家柄や身分が立派であることより、どう育ったかが大事だということ。身分の違いがあらゆる場面で貫徹されていた江戸時代には、「氏より育ち」と言われれば言われるほど、「氏」による差別の力の強大さがわかる。とくに結婚のさいに問題にされた。

武士や上層町人の場合、結婚は当人たちではなく家と家との結びつきであった。しかも上層武士の場合、大名や旗本の縁組は将軍の許可を得なければならず、藩士や御家人《ごけにん》などの下級武士も結婚する両家の当主が上司を通じて藩庁や幕府へ願い出なければならなかった。両家の家柄・家格、つまり「氏」がバランスがとれていれば許しが出て、婚姻が成立した。幕府の基本法である『武家諸法度』の定めである。

上層の町人の場合は「金銀が町人の氏系図」（85ページ）といわれた。武家の氏系図が先祖と徳川家との関係を示す血縁図であったのに対して、町人の氏系図は現在どれほど資産があるかがバロメータだった。こうした目安を否定したのがこのことわざである。

武家から町人作家になった滝沢馬琴は「俗に氏より育ちと言えり。人の賢愚は幼きときに教ゆると教ざるとにあるべし」（『椿説弓張月《ちんせつゆみはりづき》』）と氏より教育の大切さを説いている。

泣く子と地頭《じとう》には勝てぬ

※滑稽本『人間万事虚誕計《にんげんばんじうそばつかり》』

「地頭」は鎌倉・室町幕府の地方役人で、江戸時代でいえば地方統治を担当した藩の郡奉行《こおりぶぎょう》や幕府の代官にあたる。農政の全般を統轄して、農民から年貢を徴収するのを最重要任務とする。テレビの時代劇ドラマではみな悪代官だが、これは一面的にすぎる。

江戸幕府の屋台骨は全国に分布している幕府直轄領（天領《てんりょう》）からあがる年貢米四百三十万石前後にあった。この直轄領を勘定《かんじょう》奉行の命を受けて支配していたのが郡代《ぐんだい》も含めて代官である。江戸前期に約七十人、江戸中期以後は四、五十人と減った。悪代官が多かったのは江戸前期で、各土地の生え抜きで年貢請負人的な彼らは徴収した年貢を幕府に上納しなかったり、不正を働いた。百三十三年間に百二十五人の代官が処罰されている。『水戸黄門』の悪代官退治はこの点では時代を反映している。

代官制度は五代将軍綱吉《つなよし》から八代将軍吉宗《よしむね》にかけてメスを入れられ、代官の権限が制限され、江戸にいる勘定奉行の監察が行き届くようになった。農民の間には「奢《おご》る代官、末《すえ》遂げず」（悪代官は失脚する）という考えが流布し、代官自身も「泣く子と地頭には勝てぬ」と言われるような強引な年貢の取り立ては、自分の出世の妨げになると気づいた。

郷《ごう》に入《い》っては郷に従う

※俳書『世話尽《せわづくし》』

風俗や習慣はその土地によって違うので、その地へ行ったら素直に従うのがよいという意味。鎌倉末期の『童子教《どうじきょう》』に「郷に入りては郷に随《したが》い、俗に入りては俗に随う」とあり、これは江戸時代の寺子屋の教科書だったので、当時はだれでも知っている言葉だった。日本国内ならばどこも風俗や習慣はたいして変わらないと思われがちだが、江戸時代は藩が一つの国であり、風俗・習慣に加えて言語、時には法律も違っていたのである。「所の法に矢は立たぬ」ということわざもある。その土地の法律や規則が道理にかなっていなくとも、そこでは守らなければならないということである。

法律が違うというのは、とくに犯罪に対する刑罰の点である。とりわけ戦国時代からの大名が領国支配をした加賀藩・熊本藩・薩摩藩・仙台藩などの大藩は、戦国からの法と刑罰を継承していることがあった。実際には行なわれなくなっていくが、加賀藩には釜煎《かまいり》(釜ゆで)、肥後藩には逆さ磔《はりつけ》があった。もっとも、多くの諸大名は幕府の法律・刑罰を取り入れていき、幕府法と藩法はしだいに同心円化していった。ただし郷（田舎）の村人が定めた「掟《おきて》」などは幕府・藩もできるだけ介入せずに郷にまかせた。

年貢いらずの畦豆《あぜまめ》

日本史の授業で「四公六民」とか「五公五民」という言葉を習った。江戸時代の農民の租税で、四公六民は収穫の四割が領主への年貢、六割が耕作した農民のものになる。

年貢の徴収は幕府・諸大名にとって一年で最も重要な仕事であった。年貢をどのくらい取るかは二つの方法があった。一つは、毎年村ごとに田畑の実りを検分して課税する在来の方法（検見法《けみほう》）で、これは大変な労力を要した。八代将軍徳川吉宗はこれを改め、過去数年の平均収穫高をもとに年貢高を固定した。「定免法《じょうめんほう》」という。またこのとき吉宗は田と田の境界をなす畦および畦ぎわ一尺ずつを検地から除外し、そこに植えた大豆などはまるまる農民の物とした。「年貢いらずの畦豆」というのはこのこと。

なお年貢高は一村単位で定められ、ふつう実際の収穫高より低く算定された。表向き四公六民でも、実質は三公七民という幕府領・藩領は少なくない。そうしないと不作のときに年貢未納となり、農民は再生産できなくなる。定免法の場合でも極度に凶作になれば「破免」といって減免措置がとられた。そうは言っても、「百姓は生かさず殺さず」というのが幕府・諸藩の基本政策であり、一揆《いっき》や逃散《ちょうさん》がしばしば起きた。

盗人《ぬすびと》にも三分《さんぶ》の理《り》

「泥棒」や「盗人」「盗賊」にも「大盗」から「こそ泥」まで、さまざまな業態があり、ことわざの世界ではいちばん数多く登場している職業ではないかと思う。百はこえる。だれもが身近に盗人による被害体験をもっており、中には当の犯人もいるようで、ことわざとして意味や理屈を盛り込みやすかったのだろう。

それとことわざの盗人は人を殺して盗む凶悪犯ではなく、隣人の一人として立ち現われている。この「盗人にも三分の理」も、盗みをするのにはそれなりの理由があるのだと、いやに同情的である。あるいは盗みの常習犯が言い出した理屈かもしれない。

代表的なことわざをあげると、「盗人に追い銭《せん》」「盗人に鍵を預ける」「盗人を捕らえてみれば我が子なり」「盗人を見て縄を綯《な》う」などは、むしろ被害者の人のよさが注目されていて、その反映で盗人も凶悪な顔ではない。「盗人の昼寝」（夜の盗みに備えて昼寝する）のような愉快なことわざもある。もっとも、現実には盗みに対する刑罰は重かった。『御定書百箇条《おさだめがきひゃっかじょう》』には十両以上盗めば死罪（死刑）と定めてある。十両以下は入墨されて敲刑《たたきけい》（五十回か百回）だが、再犯となればやはり死罪であった。

泥棒が縄を恨む

捕まった泥棒が自分の犯罪行為を棚に上げて、縛った役人を逆恨みする。状況を自分本位に考えて、他を非難するたとえ。「泥棒の逆恨《さかうら》み」ともいう。「泥棒」や「盗人」はことわざの世界では名士であり、数も多い。一方、捕らえるほうの役人はぜんぜん登場しない。捕らえられた泥棒が役人を逆恨みすることは、別の意味でよく起きた。

たとえば甲州街道の内藤新宿（今の四谷）で泥棒が土地の者に捕まった場合、縄を打つのは町奉行所《まちぶぎょうしょ》・火付盗賊改《ひつけとうぞくあらため》・道中奉行が考えられる。宿場から外ならば関東郡代《ぐんだい》ということもある。土地の者がどこへ届け出るかで、泥棒の取り調べ役所が変わるのである。もっと大きいのは時の奉行がだれかで処遇も違ってくる。

当時は怪しい者を捕らえて調べることが多かったが、長谷川平蔵《へいぞう》が松平左金吾《さきんご》と相役《あいやく》で火付盗賊改を勤めていたとき、左金吾は痛めつけたすえ誤認逮捕とわかっても、「紛らわしいふるまいをするな」と叱りつけて放免するだけだった。平蔵は誤認逮捕とわかると、「家職も出来申さず妻子も養いかね候につき」（『よしの冊子《そうし》』）と、拘束日数分の日当を渡して釈放した。江戸庶民は「同じ縛られて行くなら長谷川様にしたい」と言っている。

猫に鰹節《かつおぶし》

猫に好物の鰹節を見張らせることで、間違いが起きやすい状況、また油断のならない状態をいう。「猫に鰹の番」「猫に生鰯《なまいわし》」「猫に乾鮭《からざけ》」「猫に木天蓼《またたび》」ともいう。

猫が日本で飼育されるようになったのは奈良時代、中国から伝来してからで、寺社では鼠の害を防いだ。また「唐猫《からねこ》」とよばれてペットとして女性への最高の贈り物であり、平安時代の花山《かざん》天皇は「敷島《しきしま》の大和にはあらぬ唐猫のきみがためにぞ求め出でたる」と猫をプレゼントしている。猫をペットとすることは江戸時代に盛んで、とくに十三代将軍家定《いえさだ》の江戸城大奥では御台所《みだいどころ》（天璋院《てんしょういん》）はじめ御年寄《おとしより》・中年寄《ちゅうどしより》は競って猫を飼っていた。

有力な御年寄が飼っている猫に子ができると、先を競ってもらいうけた。そのさいお礼には鰹節・飯器・鮮魚一籠が親猫に贈られ、御年寄配下の御中﨟《おちゅうろう》や部屋子《へやこ》には銘仙一反を届けた。猫の誕生日や子猫がメスなら雛祭《ひなまつり》、オスなら端午《たんご》の節供に御年寄や同役を招いてもてなした。大奥には精進日が多く、その日には餌の魚がないので、代わりにドジョウと鰹節を買ったが、天璋院の猫だけで一年に二十五両もかかった。封鎖された女だけの世界でむずかしい人間関係を円満にするうえで、ペットの猫は大きな役割をはたした。

※辞書『諺苑《げんえん》』

捨て物は拾い物

※『譬喩尽《たとえづくし》』

捨てられた物は拾ってもかまわない。拾った人の物であるということ。捨て物でなく落とし物の場合は「拾い主は半分」（次ページ）ということわざがある。しかし江戸では「捨て物」はほとんど出なかった。さまざまなリサイクル業者が市中を行き交って、具合の悪くなった物は直し、不要となった物は買い取ったからである。

たとえば修繕業では下駄の歯入れ・雪駄《せった》直し・コタツのやぐら直し・ソロバン直し・提灯《ちょうちん》の張り替え、鍋や釜を直す鋳掛《いか》け屋はふいごを担いでやってきた。一方、買取り業はいちばん零細な屑《くず》屋やボロ買いが長屋の奥まで入ってきた。ボロは端切れや下駄の鼻緒に再利用される。欠けた椀や骨の折れた傘も買い取られて修繕され、古椀・古傘として売られた。抜け落ちた髪の毛ですら、鬘《かつら》や髢《かもじ》にするので買い取りに来た。

リサイクルがこれほど徹底していたので、「捨て物」は少なかったが、生活ゴミは出る。長屋のゴミ溜めのゴミは一六六二年（寛文二）からは川端に設けられた大芥溜《おおごみため》へいったん運ばれ、そこからは業者がゴミを船に満載し、永代浦《えいたいうら》へ運んで投棄した。この経費は各町の負担である。隅田川の川ざらえの土砂と江戸のゴミで永代島一帯が造成された。

拾い主は半分

※合巻『出世奴小万伝《しゆっせやっここまんのでん》』

今は現金や貴重品などの落とし物を拾って届けると、『遺失物法』では拾った人が物件の五～二十パーセントの「報労金」を受ける権利をもつ。ところが江戸時代のことわざでは、拾い主は五十パーセントもの取得権がある。これほどの高率は遺失物だけでなく、「預かり物は半分の主」（人から預かった物の半分は自分のものだ）ともいわれた。しかし拾ったり預かった人が現実に五十パーセントの報労金を受け取ったかは疑わしい。戦国時代の仙台伊達《だて》氏の家法『塵芥集《じんかいしゆう》』では、遺失物の謝礼は「十分の一の礼」と定めている。

ところで落とし主が現われなければ、きちんと町奉行所へ届け出てさえいれば、一定期間後に拾い主のものとなった。三遊亭円朝《さんゆうていえんちよう》とされる落語『芝浜《しばはま》』では、魚屋が芝の浜辺で革の財布を拾う。中に二分金で五十両（噺家《はなしか》によって違う）も入っていた。現実にはネコババする者が多かったろうが、『芝浜』では女房が大家を通じて町奉行所へ届け出たので、のちに財布は下げ渡しとなっている。届けなければ盗みとされ、十両以上は死罪である。「拾い主は半分」というのは拾得物の届け出を奨励する意図があり、実際には戦国以来の「十分の一」前後の謝礼で、それが現代にまで引き継がれているようである。

引かれ者の小唄

※浄瑠璃『夏祭浪花鑑《なつまつりなにわかがみ》』

江戸時代の刑罰は見懲《みこ》らし刑といって、処刑を公開して犯罪の発生を抑止した。典型的なのは心中した男女の遺体を裸にして晒《さら》し場に晒したことである。心中すればこんな恥じさらしな目にあうぞという見せしめであった。

「引かれ者」はもっと重罪人のケースで、死刑を執行する前に行なわれる。現在、死刑は絞首刑しかないが、江戸時代には鋸挽《のこぎりびき》・磔《はりつけ》・獄門《ごくもん》・火罪《かざい》（火あぶり）・死罪・下手人《げしゅにん》と六種もあった。死罪以上では付加刑として「引廻《ひきまわ》し刑」が科されることが多かった。後ろ手に縄を打たれて裸馬に乗せられ、小伝馬町《こでんまちょう》の牢屋敷から日本橋など江戸いちばんの繁華街を選んで引廻しされた。その最期の迫っている引かれ者が虚勢を張って、洒落た小唄を口ずさんでみせるのが、このことわざ。「引かれ者の新内節《しんないぶし》」ともいう。

白子屋《しろこや》おくまの密通事件（一七二七年）では、二十二歳のおくまが引廻しになり、路上に野次馬が群集して大混雑となった。まるで人気スターなみの騒ぎで、以後、女の引廻しをしないことになった（放火犯は適用外）。見せしめのために引廻しにされた白子屋おくまはこの後、明治時代まで数々の芝居でヒロインになり、見懲らし刑にならなかった。

金《かね》は天下の回り持ち

※浮世草子『日本永代蔵』

金は一カ所にとどまっていないで、人の間をぐるぐる回るものだから、今はなくともそのうち回ってくるということ。一般には「金は天下の回り物」のほうが耳になじんでいるが、江戸時代には「金銀は回り持ち」「金は世界の回り物」といっていた。

このことわざはずいぶん楽天的な考えである。多くの人はむしろ反対の意味の「金は片《かた》行《ゆ》き」だと考えているだろう。金は金持ちのところへは大河の奔流のように流れ込むが、金のない人のところへはチョロチョロとしか流れてこないということ。「是《これ》小判たった一晩居てくれろ」と、たまに出会った一両小判も、その日のうちに天下の回り物に出さなければならない。ふつう庶民の手にする貨幣は寛永通宝《かんえいつうほう》（一文と四文）とか天保通宝《てんぽうつうほう》（百文）、一分銀、大きくて二分金であって、小判の姿を見るのはめったになかった。

すぐに金を手放さなければならない人がいる一方で、「金は三欠《さんか》くに溜まる」と義理・人情・付合いを断って貯めている者がいた。元禄《げんろく》期、幕府は金の純度が約八十四パーセントの慶長《けいちょう》小判を回収し、純度約五十七パーセントの元禄小判に改鋳した。このとき金持ちは慶長小判をしまい込み、元禄小判で決済した。金持ちは金を天下に回そうとしない。

※滑稽本『根《ね》無草《なしぐさ》』

金《かね》が敵《かたき》の世の中

金銭がもとで災いが起こり、苦しめられる。金は敵のようであるという意味。また仇討ちのように巡り合うのがむずかしいという意味でも使われる。人は金がないために悪事にはしって身を滅ぼしたり、逆に金が有り余って遊興に身を持ち崩したり、金とよい関係をつづけることはむずかしい。江戸時代の大金持ち、豪商はどのくらい金持ちだったのか。

豊臣秀吉と徳川家康のもとで大坂の都市開発を進めた豪商の淀屋《よどや》がいる。五代目淀屋辰五郎は淀屋橋南詰めに金やガラスを随所に使った屋敷に住み、天皇の住まいより豪奢といわれた。これが幕府の忌諱《きい》にふれ、一七〇五年（宝永二）に闕所《けつしょ》（財産没収）になった。「淀屋闕所時の財産目録」（『米商旧記』）を見ると、「玄宗《げんそう》皇帝墨絵の鶴一軸／藤原定家《さだいえ》卿《きょう》小倉色紙《おぐらしきし》三枚／金銀雀《かなりあ》十六羽／金の竹流し三十七本／屋敷・土地八十四ケ所／金十二万両余／銀十二万五千貫／諸大名への貸付銀一億貫目／将軍家御借用八十万両……」などが没収されている。この最後の将軍家と諸大名への巨額な貸付金が、淀屋闕所の理由になったといわれる。幕府も大名も莫大な借金を踏み倒すことができた。淀屋の滅亡を見た鴻池《こうのいけ》・三井ら上方《かみがた》の豪商は、幕府と深い関係をもたない経営をする。

※滑稽本『根無草』

地獄の沙汰《さた》も金次第《かねしだい》

地獄には閻魔《えんま》大王がいて、引き出されてきた死者の生前の罪を裁いて、数ある地獄の中から罪状にかなった地獄入りを命じるとされた。ところが閻魔に金をつかませれば、有利な判決を下してもらえるというのが、このことわざである。別に「阿弥陀《あみだ》の光も銭次第《ぜにしだい》」ということわざもあり、こちらは阿弥陀仏が賽銭《さいせん》の金額を査定して御利益《ごりやく》を按配《あんばい》するというもの。また宗派によっては布施《ふせ》の額によって戒名《かいみょう》が違い、あの世での座席に差がある。

このことわざは、地獄の沙汰も極楽の沙汰も金の力が通用するのだから、ましてこの世では金さえあれば何でも思いどおりになるという意味である。金は万能という拝金世相に憤り、とくに金銭欲に汲々としていた身近な僧侶への批判も込められているだろう。

ところで、この世の沙汰（裁判）は金次第にはならなかった。いったん町奉行所へ訴えられると町奉行はもちろん、取り調べ担当の与力《よりき》も賄賂で判決を変えられるようなシステムになっていなかった。しかし訴訟前に金にモノを言わせることはできた。訴訟には町役人・五人組・大家らが罪状を確認し、訴人《そにん》とともに町奉行所へ同道しなければならない。その段階で金を使って示談にすれば裁判にならない。むろん殺人や放火は論外である。

土一升《つちいつしょう》、金《かね》一升

※合巻『教草女房形気《おしえぐさにょうぼうかたぎ》』

一九九〇年前後のバブル期に比べれば下がったとはいえ、土地は相変わらず高い。地価が極度に高いことを「土一升、金一升」「金一升に土一升」「寸土寸金《すんどすんきん》」という。毎年公示される路線価では、いつも銀座中央通りが最高値であるが、これは江戸時代からのことで、日本橋から京橋・銀座にかけてがいちばん高かった。

江戸の町地は三ランクに分けられていた。上ランクは神田から日本橋・銀座と麹町《こうじまち》・市ケ谷田町、それに本郷大通りなど、中ランクは浅草・赤坂・八丁堀など、下ランクは本所・深川・青山などで、このランクは地価・課税額にスライドした。

『世事見聞録《せじけんぶんろく》』（一八一六年成立）に「今、日本橋・江戸橋近辺の地には、表間口一間を価千金を以て売買するという。……京橋・銀座町の内に、万治《まんじ》のころ（一六六〇年ごろ）、銭四十五貫文にて買いたる地面、当時の値段に競ぶれば、金千両以上なりという。……深川辺にも享保《きょうほう》のころ、百八十両ほどにて調えたる地面、近頃三千五百両に売れたりと聞く」とあり、江戸の商業中心地が約百五十年間で百倍に、新開地の深川が百年間で二十倍近くも値上がりしたとある。売買したのは一部の上層商人・高利貸たちである。

千貫目借《せんがんめか》るも印《いん》一つ

※『譬喩尽』

百文借りるのも千貫目借りるのも、借用証に押すのは金額に関係なく印一つである。どうせ印を押すのなら、たくさん借りてしまえという怖い意味が込められている。江戸市中にはピンは札差《ふださし》からキリは小さな庶民金融まで、さまざまな業者が法外な利息を取って営業していた。将軍吉宗《よしむね》はあまりの高利に驚き、『御定書百箇条《おさだめがきひやっかじょう》』で「家質《かじち》諸借金利息、一割半以上の分は一割半に直すべし」と、年利の上限を十五パーセントに定めた。これは旗本や御家人が借金していた「札差」の利息であって、他の金融業者は勝手放題の営業をしていた。江戸時代の金勘定はわかりにくいので、今の十万円を借金したとして話す。

江戸の高利貸で名高いのは「日済貸《ひなしが》し」（年利十七パーセント。利息を前引きされて八万三千円を受け取り、毎日千円ずつ百日間返済）、「烏金《からすがね》」（日歩五円。九万五千円を受け取り、翌朝までに十万円を返済）、「座頭金《ざとうがね》」（年利百パーセント。九万千七百円を受け取り、一年で元利とも二十万円返済）である。利息が元金を上回ってしまうことも珍しくなく、「千貫目借るも印一つ」などと言って借りることができるのは、高利貸にすれば身売りできる娘がいると計算しての貸し付けだった。

稼《かせ》がばお江戸

※浮世草子『子孫大黒柱《しそんだいこくばしら》』

商売で大もうけしたいなら、江戸がよいということ。江戸時代には江戸・京都・大坂を「三都」とよび、各都市の特徴を「江戸は武家、京は出家、大坂は町人」と、勢力のあった住民で表わしている。江戸は政治・経済の中心、京都は宗教・学問の中心、大坂は商業の中心であった。江戸は人口百万をこえる世界一の大都市で、諸国からの物資が大量に運び込まれる大消費都市であった。ビジネスチャンスはいっぱいあったはずだが、江戸に暮らす武家はもちろん、町人にもそのチャンスがはっきりと見えなかったようである。

式亭三馬《しきていさんば》は本業は名高い薬屋の主人であるが、彼は『浮世床《うきよどこ》』で江戸っ子と上方《かみがた》商人を口論させている。江戸っ子が「お前さんらは江戸の金を上方から来ては、むしり取っていく」と文句を言うと、上方商人は「お江戸というところは、このうえなく繁昌していて、大道《だいどう》に金が仰山《ぎょうさん》あふれ、早よ拾え、早よもうけよといわぬばかりやのに、江戸っ子はちっとも拾わぬ。何でそないに金が嫌いなのや」と、江戸っ子を皮肉っている。

上方や他国の百戦錬磨の商人にとって、江戸での商いは赤子の手をひねるようにたやすかったろう。越後屋や大丸など江戸の大店の多くが上方に本拠を置く商人の出店である。

売家《うりいえ》と唐様《からよう》で書く三代目

※随筆『蜘蛛《くも》の糸巻《いとまき》』

「三代目」に対して、世間はどう考えていたか。江戸の商人でケチの代名詞になっていた「伊勢屋」と、ベラボーな高値だった「初鰹《はつがつお》」との関係でみると、推移が顕著である。

初　代……伊勢屋から鰹をよぶやいなや雨
二代目……二代目のいせ屋へはよぶ初鰹
三代目……三代目いせや鰹に二両出し

初代は倹約しているので高価な初鰹を買うことはないが、何かの用で初鰹売りをよんだとたん、天変地異が起きたということ。二代目になると、鰹売りはかすかな期待を抱いて売り声をあげてみるが、やはり買ってくれることはない。ところが三代目は逆に初鰹売りを待ちかねていて大金で買う。三代目は初代・二代目が営々と築いた財産を使いきる。

ところで、このことわざでは三代目は「唐様」の字を書いているから、学問（儒学）か漢詩文に熱中して家業をつぶしたのである。幕府は大名はじめ農工商の間の公文書や、商取引書類の書体を御家流《おいえりゅう》で書けと定めていた。文字を御家流でなく唐様で書くということは、当時の政治・経済活動の埒外《らちがい》で生きることで、破産もやむなしなのである。

稼ぐに追いつく貧乏なし

※浮世草子『世間胸算用』

一生懸命働けば、貧乏で苦しむことはないという意味。「稼ぐに貧乏追いつかず」ともいう。いくら懸命に働いても、暮らしは少しも楽にならないような社会では、人々は働く気をなくしてしまう。石川啄木《たくぼく》は「はたらけどはたらけど猶《なお》わが生活《くらし》楽にならざりじっと手を見る」と歌ったが、この手を盗みに用いたり、怒りで振り上げたりする者も出る。

江戸の裏長屋に住む棒手振《ぼてふり》は毎朝、親方から七百文を借りて大根・レンコン・イモなどを仕入れ、天秤《てんびん》でかついで市中を売り歩く。一日の売上は千二百文で、その日のうちに親方に利息も含めて七百二十一文を返済する。残りの四百七十九文が一日の稼ぎで、この中から米・味噌・醤油・酒・子供のおやつなどの代金を差し引くと、残りは百六十四文。約四千円である。この男は妻と子供二人を養っている。

これは『文政年間漫録』の例で、稼ぎがとくによかった日の数字である。彼らのつらいところは、雨が降れば商売にならず、時季によって売る品物が激減することである。男が風邪を引いたら家族全員が倒れる危うさで、「稼ぐに追いつく貧乏なし」とはならず、「稼ぐに追い抜く貧乏神」、さらには「稼ぐに追いつく貧乏神」になりかねない。

際《きわ》の商《あきな》い後《あと》を詰める

※浄瑠璃『心中重井筒《しんじゅうかさねいづつ》』

「際の商い」とは盆と暮れの商売、とくに売掛金の集金をいう。六月晦日《みそか》（三十日）と十二月大晦日には節目として決算をしっかりせよという意味。具体的には当時の商売は掛け売りが主体で節季払《せっきばら》いだった。「節季の商売手抜かりするな」ともいう。

当時は米や味噌・醤油など、毎日の生活に欠かせない物はたいてい通い帳に記録して、いわゆるツケ（掛け）で買い、支払いは一年の半期ごとの盆と暮れの二回か、あるいは「中払《なかばら》い」といって節供（三月三日・五月五日・九月九日）の前日にも払った。少しでも払えば大晦日まで掛け売りを継続してもらえる。

井原西鶴《さいかく》は『日本永代蔵《にっぽんえいたいぐら》』で「万事を通いにて取る事なかれ。当座に目に見えねば、いつとなく重なり、払いの時分書出し（請求書）に驚く事なり」と掛け買いを警告している。現在のカード地獄に一脈通じる。

なお、商人が掛け売りをしたのは稼ぎが中程度以上の町人からで、裏長屋に暮らす熊さんや八公らは相手にしてくれず、現金で買うしかなかった。おかげで大晦日に掛け取りとの攻防戦をしないですみ、何も恐れずに元旦を迎えられる。

金銀が町人の氏系図

※浮世草子『日本永代蔵』

江戸時代には大名の子（長男）は大名になる。旗本や御家人《ごけにん》も同様である。武家は徳川将軍との関係によって地位や役職が決まった。「先祖を討死《うちじに》にさせて高枕《たかまくら》」ということわざがあるが、関ヶ原ほかの戦いで武功をあげた子孫が大名や旗本として代々変わらぬ禄《ろく》を得た。武家にとっては自分の血筋・家柄を示す系図は、禄米の永久保証書であった。

一方、町人（商人）は「商人《あきんど》に常禄《じょうろく》なし」といって、自らの働きによってしか収入はない。そうして稼いで積み上げた金銀の多少が町人の氏系図であり、社会的な地位を決めるものだということ。ここには「先祖を討死にさせて高枕」でいられる武士に対する誇りがあった。現に大名も旗本も他の武士も禄米をカタに商人から借金をしていた。

幕府や諸藩では武士の借金を帳消しにする「棄捐令《きえんれい》」をしばしば発令し、商人は何度も煮え湯を飲まされた。越後屋の三井家は大名貸しをできるだけしなかったが、それでも申し込んでくる大名はいる。その場合、元利とも帳簿から外して別会計とし、返済がなくとも商売に響かないようにした。そして貸すときには「ご返済は勝手次第」、つまり当てにしていませんと添えた。こんな屈辱を受けて三井家に借金を申し入れる大名は少なかった。

商《あきな》いは牛の涎《よだれ》

※浮世草子『日本新永代蔵』

商売は牛のよだれが細く長く、切れることなく垂れるように、気長につづけることが大事であるということ。牛は反芻《はんすう》動物で一度食べた物を何度も口にもどして噛みなおすので、いつもよだれが出ているという。汚いたとえだが、当時は説得力があったのである。

商売でいちばん大事な心得として強調されたのは辛抱である。すぐに利益があがらなくとも、がまんして商売をつづけなければならないということ。その目安が「商い三年」「売り出し三年」といわれた。今のビジネス環境からするとずいぶん長いが、店の開業までの奉公の道のりからすれば、二、三年でだめだから転業するというわけにいかない。

ふつう新規に店を開業するまでには、奉公にあがって丁稚《でっち》・手代《てだい》として十年、さらに番頭として十年の修業をへて、読み書き・ソロバンから商品の知識・仕入れのノウハウ・売買の駆け引きなどをマスターして「暖簾《のれん》分け」をうける。この年月は店の規模によって異なるが、およそ二十年。晴れて一人前の商人として独立したのである。「牛の涎」のほかに「商いは吉相《きっそう》」（愛想が大事）、「商いは草の種《たね》」（品数を増やせ）、「商いは正直が第一」（信用第一）、「商いは本《もと》にあり」（資本が肝要）など、いろいろと説かれている。

石の上にも三年

※浮世草子『西鶴織留《さいかくおりどめ》』

冷たい石の上でも三年座りつづけていれば温まってくる。辛抱してがんばれば、必ず報われるということ。何を辛抱しろというのか。

『西鶴織留』には「商人・職人の区別なく、住みなれたる場所を変わるな。石の上にも三年とことわざにいう。世帯道具の鍋や釜のぬくもりが冷めないうちに、引っ越しの荷物をまとめているのは見苦しい」とあり、住所を転々としていたらだめだというのである。看板を出したら、三年はそこにとどまっていろという意味である。

ところが、最近は勤めたら「石の上にも三年」はそこで我慢しろというように使われる。商人も職人も三年程度の修業では、たいしたことは習得できない。ちなみに江戸では小さな店でも丁稚《でっち》から番頭になるには十年は要した。江戸一番の大店《おおだな》の越後屋呉服店などはまるで別世界で、十一～十四歳で奉公にあがり、子供（丁稚）からトップの大元〆《おおもとじめ》までには二十の職階がある。三年の辛抱では格上の丁稚にすぎず、五、六年でようやく手代である。職人となると、修業の年月よりも腕が問題である。そしていよいよ独り立ちしたら「石の上にも三年」で、住所を移すなというのである。

子《ね》に伏《ふ》し寅《とら》に起きる

※俳書『時勢粧《じせいそう》』

子の刻《こく》（午前零時ごろ）に寝て、寅の刻（午前四時ごろ）には起きる。室町前期の世阿弥《ぜあみ》の『野守《のもり》』にある言葉で、僧侶が修行のために寝る間を惜しんでいる。江戸時代には睡眠時間をけずって懸命に働くたとえとして言われた。

江戸時代の人は毎日、何時間ぐらい働いていたのだろうか。昼と夜の時間が等しくなる春分・秋分の日を例に考えると、農民は自営だったので昼間の十二時間、時に休みながらほとんど働いた。夜なべも二、三時間はした。

一方、江戸で代表的な職人である大工の場合、九〜十時から四時ごろまで建築現場にいるとしても、三回の長い休み時間があって、実働は四時間程度だった。これでは仕事がはかどらないので「朝出」か「居残り」をする。各二時間程度であるが、それぞれ半日分の賃金が出た。つまり朝七時ごろから六時前まで働けば二日分の日当になった。しかし朝出と居残りの両方を毎日する大工は、仲間内から腕や段取りが悪いと言われかねなかった。

大工ではなく一般の肉体労働では、「四月の中の十日に心なしに雇われるな」ということわざがあり、日中時間の長い時期は労働時間が長くなるので働きたくないという。

知らぬ米商売より知った小糠商《こぬかあきな》い

※浮世草子『世間母親容気《せけんははおやかたぎ》』

慣れない大規模な商売より、よく知った小さな商いのほうが、儲けは小さいが堅実にもうかるということ。同意のことわざがあり、「米商売」に代わって「金商い」（両替商）「伽羅《きやら》商い」「呉服商い」が入るが、対応する小口商いはみな「小糠商い」である。

米屋は米仲買を通じて米問屋から米を買って小売する。店内の臼で精米していたので搗《つき》米屋《ごめや》ともいわれた。相当に資本がなければ開業できない。「八分づきにして一石、家まで運んでくれ」という客から、「白米を一升ください」という客までいろいろである。享保《きようほう》期には江戸では精白米が食べられていて、とくに大店の奉公人に「江戸煩《わずら》い」（脚気《かつけ》）が多発していた。原因が御菜《おかず》なしに白米を食べていたせいとわかるのは明治時代である。

天明ごろ（一七八〇年代）、兵庫屋弥兵衛と松屋四郎兵衛という米の行商人が裏長屋を専門に売り歩いた。米屋で一升買いできない裏長屋の連中は割高になるが見栄を張らずに「一合ちょうだいな」と買える。ツケ払いでなく、日銭が稼げて、この二人は堅実にもうけ、大きな米屋になっている。しかし裏長屋のおかみさんたちの立ち話は米相場・米の買い付けに参考になるとして、その後も米の一合売りは手代《てだい》に命じてつづけている。

※随筆『骨董集《こっとうしゅう》』

紺屋《こんや》の白袴《しろばかま》

「紺屋」は布に藍染《あいぞ》めを施す職人で、城下町には必ず何軒かが営業していた。戦国時代から税として戦場で不可欠な幕や幟《のぼり》・旗の染めを命じられ、平和な江戸時代になると幕府や藩に営業税として大量に染め物をした。

紺屋は天候に左右される仕事で、しかも注文が多いため、仕上がりの期日を守れず、「紺屋の明後日《あさって》」ということわざも生まれた。この「紺屋の白袴」も注文に追われて、自分の着る物を染めるゆとりがないこと。転じて、専門の知識・技術がありながら、自分の役には立っていないこと。「医者の不養生」（53ページ）と同じ状況である。

藍染めは紺色のほか覗色《のぞきいろ》・浅葱色《あさぎ》・縹色《はなだ》・緑色・紫色など、豊かな階調に染めあげることができた。江戸時代には浴衣《ゆかた》・手拭《てぬぐい》の色とデザインが百花繚乱となり、歌舞伎役者がらみのブランド物も生まれ、庶民はつぎつぎと流行を追った。紺屋も紺縞《こんじま》・紺絣《こんがすり》・紺《こん》法被《はっぴ》・紺刺子《こんさしこ》と、次から次へと仕事に追われた。

そんな状況で紺屋が白袴でいたのは、一つには注文に追われて自分にまで手が回らないという宣伝、もう一つには白袴にシミ一つ付けない自分の腕の確かさの誇示があった。

餅《もち》は餅屋

※『譬喩尽』

　餅は専門の餅屋がついたものが、やはりうまい。何についても、その道のプロにまかせたほうがよいということで、同じ意味のことわざに「刀は刀屋」「酒は酒屋に茶は茶屋に」、また「芸は道によって賢し」「蛇《じゃ》の道は蛇《へび》が知る」などいくつもある。

　餅は年中行事や祝い事などハレの日の食べ物として欠かせなかった。正月には鏡餅を、誕生祝いには力餅として丸餅を、彼岸には牡丹餅《ぼたもち》をつくって供え、その後で神とともに食べた。また餅は長期の保存が可能なので、ふだんから伸し餅やトチ餅・豆餅などについた。農家では餅つき道具一式は必需品であった。しかし江戸のような都市では、臼《うす》や杵《きね》が一戸に一式というわけにはいかず、元禄《げんろく》ごろ（一七〇〇年前後）には餅屋が成立した。

「餅屋」には鶯餅《うぐいすもち》や幾世餅《いくよもち》などの餅菓子を商う店もあったが、ことわざの餅屋はもち米をついて鏡餅や伸し餅、豆餅などにする餅屋である。店をかまえている者と、戸別訪問してつき賃をもらってつく賃餅屋があった。もち米を水につける時間、蒸し具合、つきかげんなど、勘所があるのだろう。今は餅つき器で簡単に餅が食べられるぶん、餅に対してハレの感覚は失われた。

やり枡《ます》とり枡

※辞書『俚言集覧《りげんしゅうらん》』

悪徳商人のテクニックである。「やり枡」は量目を少なくした枡、「とり枡」は量目を多くした枡で、米や酒・醤油などを売るときには「やり枡」を用い、買い入れるときには「とり枡」を用いる。悪徳商人・悪徳商法の意味である。

むろん違法で、江戸幕府は全国統一の公定枡（京枡《きょうます》）を定め、江戸と京都の枡座が製造・販売した枡以外の使用を禁止していたが、勝手に枡を作って、こうした悪徳商法は盛んに行なわれていた。

とくにひどかったのは米屋で、「米屋は三度目に変えよ」といわれた。米は裏長屋の住人ならば店頭で量ってもらって買うが、多くは注文して家まで運んでもらった。家でもう一度量り直して受け取る人はなかった。また注文した米に悪い米を混ぜられることもあって、米屋はときどき変えるのがよいというのが「三度目に変えよ」ということわざ。

現代の話では、たとえばパチンコの玉は一個四円で借りるが、たまにうれしい目にあって換金すると、ふつう二・五円で引き取られる。これは「やり枡とり枡」と同じなのか、別の話なのか。適切な例でないのは確かである。

商人《あきんど》と屏風《びょうぶ》は曲がらねば立たぬ

※教訓書『町人嚢《ちょうにんぶくろ》』

屏風はまっすぐに広げたら倒れてしまう。商人も同じで理屈に合わなくとも感情を抑え、客の意を迎えて商売しなければ成功しないという意味。「商人と屏風は直《す》ぐに立たぬ」など、同様の言葉は鎌倉時代からあるが、江戸時代になると盛んに言われた。商人自身が自己弁護として言った面もあるが、経済力によって社会的な地位を高めてきた商人に対して、武士が商い・商人を卑下する気持ちからも言われた。

長崎の町人学者西川如見《じょけん》は商人を卑下することわざを取り上げて、ある商家に伝わる古屏風の精（精霊）を登場させて語らせている。「日頃からわしを曲がったものと言うのは残念でならぬ。わしの取り柄は伸びたり縮んだりすることにある。わしは全開すれば倒れ、閉じても倒れるが、平らなところに程よく広げれば立ち続ける。これが大事な心得だ。屏風は曲げなければ立たぬとばかり心得ているのは口惜しいことである」（『町人嚢』）と、商人が商売を曲がったものと思い卑屈になっているのを、そうではないのだと説き、自信をもてと言っている。如見は井原西鶴・石田梅岩《ばいがん》と同時代人で、このころから商業活動をささえ、富を積むのを善とすることわざがどんどん作り出されていく。

安物《やすもの》買《か》いの銭失い

※歌舞伎『梅雨小袖昔八丈《つゆこそでむかしはちじょう》』

値段が安いので得したと思ったところが、品質が悪かったり、使い勝手が悪かったりで、すぐに買い替えなければならず、結局はかえって高い買い物をしてしまうこと。「安物は高物《たかもの》」ともいう。もともと「高かろう良かろう、安かろう悪かろう」ということは経験上、わかっているが、時に安売りで得したことがあって、つい引っ掛かってしまう。

現代では安いからといって必ずしも欠陥商品ではない。江戸時代には機械による大量生産などなく、商品はみな同じように手間がかかっている。ひどく安い場合には何かしらワケあり商品であった。江戸の商店の中には「如何物《いかもの》」を売っている店があった。江戸深川から下総《しもうさ》の村に移り住んだ母娘がいて、村の庄屋の息子が娘に惚れて、縁談がまとまった。母娘は支度金《したくきん》を得て婚礼衣装を調えるため江戸へ来た。仕立てる時間がないので、立派な店構えの古着屋に入り、豪奢な衣装を四十二両で買った。ところが、花嫁衣装は糊付けされただけの、如何物だった。婚礼の日に雨に降られ、ぱらぱらと脱ぎ落ちてしまった。四十二両もの高い値段なら、まさか如何物と思わないだろうというのが、古着屋の魂胆だった。「高物買いの銭失い」ということもあって、油断がならなかった。

薪《たきぎ》に花

※仮名草子『為愚痴《いぐち》物語』

粗野な中にも奥ゆかしい風情があるときのたとえ。「薪に花を折り添う」というのが原形で、粗野で卑賤なたくましい山男が内には風雅な心を秘めているという、王朝貴族の女房の思い描いた男像の一タイプである。ここで話はまったく別になる。「薪」についてである。薪は大は国家の、中は都市の、小は家庭の存続にかかわってきた。

「薪炭《しんたん》」と総称される燃料は、米とはまったく違うルートで江戸に大量に輸送されてきた。現実には風雅とは無縁の山人が生産した商用木材や薪・炭などの山方《やまかた》産物は、江戸の「川辺《べ》竹木炭薪問屋《ちくぼくたんしんどんや》」へ集積され、そこから江戸中へ売られていった。江戸時代半ば、江戸には約八十一万俵の炭と約千八百二十一万束の薪が運ばれている。これは江戸市中向けで、武家方で消費する量は含まれていない。

薪炭は関東や東海諸国から大量に輸送されたが、とくに炭には「佐倉炭」「黒川炭」などのブランド物が生まれて高価だった。すでに「紀州炭」も運び込まれていて、これは高価な佐倉炭の三倍以上もした。江戸庶民は米同様に一俵単位で買うことは夢の話で、必要なぶんを秤《はかり》買いして、主に煮炊きに使った。

暖簾《のれん》に腕押し

「暖簾」は今も飲食店や衣料品店などに掛けられているが、ずいぶん少なくなったし、意味合いもまったく違っている。江戸時代にはそれぞれの店が屋号や商標など固有の文字や図柄を染め抜いて軒下に下げていた。道路と店内との仕切りをなしていたが、決して邪魔にならぬように垂れていて、頭で暖簾を分けて店の中へ入った。

およそ抵抗感のないものだが、その暖簾に「腕押し」するという。腕相撲を取ることであり、「暖簾と腕押し」ともいう。手ごたえのなさ、張り合いのないことのたとえとして使われてきた。同じ意味の「糠《ぬか》に釘《くぎ》」や「豆腐に鎹《かすがい》」のほうが先行して使われていたが、この「暖簾に腕押し」も商業の盛んな都市民の感覚に合い、広く流布した。

当時の商人は家業を代々継承したが、その家業の信用・格式のシンボルが「看板」とこの「暖簾」であった。「暖簾にかかわる」とか「暖簾に傷がつく」はその表われである。すでに寛永ごろ（一六三〇年前後）から店独自の屋号や商標を暖簾に染め抜くようになり、元禄期（一七〇〇年ごろ）には通りに面した店のほとんどが暖簾を出すようになった。暖簾は年をへて古くなればなるほど店の歴史と信用のバロメーターとして大事にされた。

第四章

暮らしを彩る知恵としきたり

——江戸の文化

人間わずか五十年

※教訓本『世話詞渡世雀《せわことばとせいすずめ》』

人の寿命はたかだか五十年であるという意味。人の一生の短いことを言った言葉である。今は平均寿命は八十年と伸びたけれど、一生の短くはかないことは同じである。

室町時代の幸若舞《こうわかまい》『敦盛《あつもり》』には「人間五十年下天《げてん》の内をくらぶれば夢まぼろしのごとくなり」という一節があり、織田信長《おだのぶなが》は桶狭間《おけはざま》の戦いに出陣するとき、これを歌い舞ったという。江戸時代になっても、日本人の寿命観は「人生五十年」であり、これは昭和の敗戦までつづくのである。一九四七年（昭和二十二）の平均寿命は五十歳（男）だった。

江戸時代には乳幼児の死亡率が驚くほど高かった。「麻疹《はしか》は命定め」といわれ、十歳になる前に死亡する子が多くて、平均寿命はぐんと下がって二十九歳ぐらいにとどまった。元禄《げんろく》時代の井原西鶴《さいかく》は五十二歳で死んだが、辞世に「人間五十年の究《きわま》り、それさえ我には余りたるに、ましてや、浮世の月見過《みすご》しにけり末《すえ》二年」と、二年もうけたと詠んでいる。

五十年が「一期《いちご》」と考えられたので、武家や商家では家長がこの年頃になると、以後は「余生」として隠居した。当時は「老後」とはいわずに「老入《おいれ》」といい、新しい生活に入るという積極的な意味があった。

牛を馬に乗り換える

※歌舞伎『幼稚子敵討《おさなごのかたきうち》』

足ののろい牛を捨てて、速い馬に乗り換えることで、現状のものよりも優れているほうを選び取ることをいう。たとえば勤め先を変えたり、夫あるいは妻・恋人を変えたり、またワープロからパソコンに切り替えるようなことも、このことわざにあたる。さまざまなことで、われわれはふだん「牛を馬に乗り換える」ことをしており、また「馬に乗るまでは牛に乗る」「馬に乗るまでは牛に乗れ」と、機会をうかがいながら辛抱している。

しかし、これは牛と馬をスピードの点で比較したから、馬が優位なのである。牛は馬に比べて性格がおとなしくて神経質でなく、持続力があるので、奈良・平安時代から物の運搬に使役された。鎌倉時代からはとくに農業の先進地だった西日本の水田で犂《すき》を引かせる「牛馬耕《ぎゅうばこう》」が普及した。牛馬耕というが、主力は牛である。

江戸時代には牛馬の農耕への利用はいっそう発展した。そうはいっても、牛馬を持てる農民はまれで、「耕しに馬持ちし身の嬉しさよ」という江戸時代半ばの召波《しょうは》の俳句には喜びがあふれている。「馬を牛に乗り換える」という反対のことわざもあって愚行とされるが、何か理由があって乗り換えたのだろう。ことわざはその理由まで詮索しない。

※俳書『世話尽《せわづくし》』

故郷へ錦《にしき》を飾る

故郷を離れていた人が立身出世して帰郷する。この言葉は武家社会が崩壊して、「末は博士か大臣か」と立身出世が説かれた明治時代に生まれたものかと思ってしまうが、じつは鎌倉時代の『平家物語』にまでさかのぼる。平家方の七十歳をこえた武将、斎藤実盛《さねもり》が故郷の越前に出陣するとき、鎧《よろい》の下に錦の直垂《ひたたれ》を着て戦い、討死するときの言葉である。

江戸時代には諸書や歌舞伎でこの言葉が語られたが、当時は堅固な身分制社会で出世のチャンスはほとんどなく、また勝手に故郷を離れれば重罪で、錦を飾って帰るどころでない。それが可能なのは「ふんどしを故郷へ飾る角力《すもう》とり」のような特殊技能者と、江戸や上方《かみがた》の大店《おおだな》に奉公に出た農民の二・三男が無事に年季を終えて帰るぐらいしかない。

たとえば上方に本店があり、江戸に出店している越後屋や大丸のような大店では、本店で十一歳すぎの奉公人を丁稚《でっち》として採用して江戸へ送る。順調に修業を積んで八、九年目に手代《てだい》になると「初登り」といって初めて帰郷が許された。白木屋の場合をみると、五十日の休暇がもらえ、旅費と親への土産の現金のほか、郷里で着る羽織も支給された。文字どおり「故郷へ錦を飾る」のである。

月夜に釜《かま》を抜かれる

※浮世草子『西鶴織留《さいかくおりどめ》』

月の明るい夜に大事な釜を盗まれることから、ひどく油断することのたとえ。単に「月夜に釜」また「月夜に釜を抜く」ともいう。この釜はカマドにかけられている重くて大きな釜であろう。飯を炊く釜を盗むというのは、今日の生活感覚からはわかりにくいのだが、実は昔から議論のあることわざだった。

釜は飯を炊くのに欠かせない生活必需品であるが、今の電気釜と違ってカマドと一体になっており、釜だけ盗んで行ってどうするのかというのである。そこでこのことわざはまったく別の意味にも理解されている。江戸時代には「月」とか「月夜」は女性の生理を暗示していて、川柳《せんりゅう》にも「月の夜は釜を抜く気になる亭主」「折ふしは妾《めかけ》月夜に釜抜かれ」などとあり、このことわざもその意味であるとする。釜を抜かれるのは女房や妾など女性と男との両様が考えられる。油断の意味と尻がかりの意味の両様を意味する。

余談だが、長屋の住人が使っていた片手で持てる程度の釜はよい質草になった。朝飯をすませ、夕方に食う飯が入ったまま質屋に持って行くと、質屋は流される気遣いがないので、わずかではあるが必ず金を融通してくれた。

※歌舞伎『上総《かずさ》木綿《もめん》小紋《こもん》単地《ひとえじ》』

明日《あした》は明日の風が吹く

明日どうなるかは、明日になってみなければわからないのだから、今日あれこれと思い悩むのはよせということ。「明日には明日の風が吹く」ともいい、同じ意味で「明日のことは明日案じよ」「明日は明日の神が守る」「明日は明日の習わせ」という言葉もある。楽観主義・刹那主義といえる生き方で、江戸人に顕著に見られた性格ではあるが、こういう性格の人はいつでもいる。「明日の風」は「今日の風」と同じであることが多く、風向きが変わるとしても、逆風ではなく順風になるだろうという思い込みがある。

こうした生活心情から出てくるのは「江戸っ子は宵越《よいご》しの銭は持たぬ」(11ページ)という生活態度である。平和で安定した社会がつづき、災禍といえば地震や火災が主だった江戸では、庶民はそのたびごとにむしろ稼ぎ口が増えることになった。

「明日《あす》知らぬ身に百年の蓄えは塩辛《しおから》食わん水の呑みおき」という狂歌がある。あすはどうなるかわからないのに金を貯めているのは、塩辛を食う前に水を飲みだめしているようなもので、むだで無意味だという意味で、ここまで気楽に考えている。この狂歌から当時も老後に備えて貯蓄していた人がいることはわかるが、そういう人の顔は見えてこない。

一富士二鷹三茄子《いちふじにたかさんなすび》

※辞書『俚言集覧《りげんしゅうらん》』

初夢にみると縁起がよいとされるものを順番に並べたという。「富士山」と「鷹」は何となくわかるが、「茄子」はピンとこない。これには諸説がある。有力なのは徳川将軍家にゆかりの深い駿河《するが》（静岡県）の名物をあげたとする説（『俚言集覧』『笈埃随筆《きゆうあい》』など）である。確かに『徳川実紀』には将軍家光に「けふ駿府より新茄《しんなす》を献ず」（慶安四年四月六日条）と、初物のナスは特記されるほど珍重され、まっさきに将軍へ献上された。

ところで夢には神のお告げが込められていて、夢の吉凶を判断することは古くから行なわれていた。江戸時代には初夢によって一年のよしあしが見極められると信じられた。しかも江戸人の知恵で、吉夢をみるために「宝船」とよばれる縁起物が売られていた。

宝船に七福神が乗り、まわりに鶴や亀、松竹梅が描かれためでたい図柄の刷り物で、「長き夜のとをのねぶりのみな目ざめ波のりぶねの音のよきかな」という回文《かいぶん》（前から読んでも後から読んでも同じ文）が書かれている。一枚一～二文と安く、これを正月二日の夜に枕の下に入れて眠った。もしも凶夢をみたときには吉夢に変えるための「夢違《ゆめちがい》」もあり、これには夢を食う貘《ばく》が描かれていた。何とも楽しい初夢グッズである。

酒と煙草《たばこ》は飲んで通る

※『譬喩尽《たとえづくし》』

酒とタバコはむだなものとわかっているが、飲んだからといって貧乏するわけでなし、飲まないからといって金持ちになるわけでもない。短い一生なのだから、酒もタバコも飲んで過ごすということ。江戸時代半ばに言われていたことわざ。日本にタバコが伝えられたのはポルトガルの宣教師によってであるが、年代ははっきりしない。天正年間（一五七三～九二）という説が有力である。コロンブスが中央アメリカから同時にヨーロッパに伝えたものに梅毒もあるが、こちらはタバコよりも六十年以上早く日本に到達している。

喫煙は日本でも急速に広まった。一六一四年（慶長《けいちょう》十九）の大坂冬の陣では大坂城を包囲する徳川方の兵士を相手に酒やタバコを売って歩く担ぎ商人が現われ、一服何文かで飲ませた。このとき激しい戦闘はなく、煙草だけ覚えて陸奥《むつ》や九州へ帰国した武士がいた。「タバコという草、医書にも見えず。薬とも毒とも知りがたし。されども、典薬衆《てんやくしゅう》（高位の侍医）をはじめ、いずれものみ給いぬ。当世はやり物なれば我もこれを用いる」（『慶長見聞集《けんもんしゅう》』）と、みんなが吸うから、医者のわたしも吸うと書いている。幕府はぜいたくとして「喫煙禁止令」を頻繁に出したが、武士から町人・農民まで喫煙は広がっていった。

楽隠居《らくいんきょ》、楽に苦しむ

楽隠居は仕事をしなくてよく、また何も心配せず、日がな一日好きに過ごせるので楽かというと、その何もしなくともいいのが苦痛であるということ。楽隠居なんかできず、いつまでも働かなければならない江戸時代の大半の庶民から見ればぜいたくな悩みである。

大名や上層の武家・商家では二十四、五歳で家督を継ぎ、それから懸命に二十年余は働いて、五十歳前後で二十四、五歳になっている息子に家督をゆずって隠居するというのが理想的な人生の過ごし方だった。武家ならば隠居するまでの間は御家安泰を第一とし、商家ならば家産を増やすのが務めであった。その積み上げた資産の中から隠居米・隠居料を確保して、その後は好きなことをして暮らすのが楽隠居である。

伊能忠敬《いのうただたか》は数えで十七歳のとき、下総佐原《しもうささはら》の伊能家に婿養子に入り、家業の酒造業ほかを励んで、傾いていた家運を挽回した。五十歳で隠居して家督を長男にゆずり、翌年に相当の隠居料を持って江戸に出、若いときからの念願の天体観測・測量を始める。忠敬のような偉業は例外ではあるが、商家の主人は隠居をめざして懸命に働いたので、隠居文化も充実していた。一方でいざ楽隠居してみると勝手が違うという人はいつでもいる。

花より団子《だんご》

※俳書『世話尽』

花見では桜の花を愛《め》でるより、腹の足しになる団子を食べるのがよい。風雅より実利が大事であるということ。何にもまして食欲を満たすことを優先したことわざは、「色気より食い気」「酒なくて何の己《おのれ》が桜かな」「花の下より鼻の下」「一中節《いっちゅうぶし》より鰹節《かつおぶし》」「義理張るより頬張れ」「理詰めより重詰め」などたくさんあるが、いちばんポピュラーなのがこの「花より団子」である。

花見は平安初期にすでに天皇や貴族が宴席を設けて行なっていて、桜花を愛でながら詩を作って楽しんだ。農山村でも農作業の開始前に村人全員がそろって花見をし、そこでは神とともにごちそうを食べ、酒を飲んで、この年の豊作を願った。

ところで、すでに戦国時代の連歌師、山崎宗鑑《そうかん》は「花よりもだんごとたれか岩つゝじ」と詠んでいて、花見には団子が付き物となっていたようである。花見は江戸では庶民の遊楽になり、元禄《げんろく》以前から上野は花見の名所になっている。落語『長屋の花見』は王子飛鳥山《あすかやま》へ貧乏長屋の連中が無理をして花見に行く話で、用意したのは酒（実は番茶）・蒲鉾《かまぼこ》（大根）・卵焼き（たくあん）で、卵焼きが脚光をあびたせいか団子は登場しない。

後《あと》の祭三日おもしろい

祭りは終わった後も何日間かは心が浮き立ったまま、興奮が収まらないということ。その一方で、「祭の渡った後のよう」ともいわれ、祭りの行列が通過した後、ひいては祭りの終わった後の一抹の虚脱感にもおそわれる。そんな心理状況をいう言葉である。

別に「後の祭」という江戸時代からよく使われてきたことわざがある。一般に手遅れになる意味で使われるが、それならば「祭の後」でなければならず、なぜ「後の祭」となったのかについては諸説があるが、納得のいく説明は江戸時代からない。

祭りは町でも村でも産土神《うぶすながみ》（土地の守り神）を紐帯にして地域の人が一つになって心身を燃焼する数日間である。とくに出入りが激しくて多くの人が雑居していた江戸では、庶民にとって最大で最重要な参加型行事だった。山王権現《さんのうごんげん》の山王祭と神田明神《かんだみようじん》の神田祭は、神幸《しんこう》行列が江戸城内に入るのを許され、将軍も上覧したことから「天下祭」といわれ、一年ごと交互に行なわれた。また浅草神社の三社祭《さんじやまつり》、富岡八幡宮の深川祭など、江戸庶民はそれぞれの氏神の祭礼を誇りにした。「祭より前の日」といわれるように祭りの準備から祭りの当日、そして祭りの後と、これらの数日間のためにふだん一生懸命仕事をした。

※辞書『諺苑《げんえん》』

五日《いつか》の相撲《すもう》を七日《なぬか》行く

江戸の大相撲（勧進《かんじん》相撲）は一年二場所制で、興行は一七七八年（安永七）以後は晴天の十日間であった。それ以前は晴天七日間あるいは八日間であったが、このことわざはいつごろのことかわからないが五日間である。よほど相撲が好きで、興行前日から寺社の境《けい》内《だい》に小屋掛けするのを見物に行き、五日間むろん通いつめて全取り組みに熱中したうえ、興行の終わった翌日の小屋の解体作業まで見に行くという相撲への熱狂ぶりをいう。

相撲の歴史は古く奈良時代までさかのぼるが、現代の相撲は江戸時代の勧進相撲から始まる。江戸では興行があると必ずけんかが起きたので長く禁止されていたが、一六八四年（貞享《じょうきょう》一）、深川永代寺《えいたいじ》の勧進相撲として再開され、天明・寛政期に谷風・小野川・雷電《らいでん》らが輩出して黄金時代を築いた。当初、力士は大名家のお抱えだったが、興行元がしっかりしてくると、大名から解放されて庶民に支えられた力士が生まれた。相撲は歌舞伎とともに江戸庶民の娯楽の双璧であった。また勝負が「一つ土俵」で決められたので、興行主に分派や相撲技に流派が生まれる余地がなく、力士はひたすら強さ・勝つことが求められた。「相撲に勝って勝負に負ける」という相撲の深い魅力を言うことわざも生まれた。

芝居は一日の早学問

※咄本『臍《へそ》の宿替《やどかえ》』

芝居見物は早朝から夕方まで一日がかりになる。芝居を観れば歴史上の出来事や義理人情、男女の機微、勧善懲悪《かんぜんちょうあく》の道徳、ことわざなどが手っ取り早く学べるということ。「芝居は無学の早学問」ともいう。字を読めない者も『仮名手本忠臣蔵《かなでほんちゅうしんぐら》』で赤穂《あこう》浪士の討ち入りを知ることができる。史実とはだいぶ違うのは、今の映画やテレビと同じである。

芝居見物は女性にとっては好きな役者を見るだけでなく、自分も観客から見られる存在であり、着ていく着物に念が入った。よい席を確保するのは江戸時代にも大変だった。

一七七六年（安永五）二月、江戸堺町の市村座に大名の奥方一行が見物に来た。ところが芝居茶屋を通して予約していた桟敷《さじき》が埋まっていた。こうした手違いはよくあることで、茶屋は桟敷をやりくりする間、奥方一行に茶屋で待ってもらうことにした。ところが奥家老はこういう場にまったく不案内だったようで、「桟敷ふさがりたる由、言い訳なきゆえ」（『半日閑話《はんにちかんわ》』）、面目が立たぬと二階の座敷で腹を切ってしまった。この切腹騒ぎで芝居は昼に中止となった。せっかくの芝居見物がおじゃんになって、観客は無念だったろう。それにしても江戸半ばになると、武士はこんなつまらぬことで腹を切っている。

はやる芝居は外題《げだい》から

※『譬喩尽』

「芝居は水物」といわれ、当たり外れは幕を開けてみないとわからない。このことわざによれば、芝居が大当たりするかどうかは外題（タイトル）にかかっているという。芝居にかぎらず映画や書物などの表題についても言えることであるが、具体的にどういう表題がよいのかはむずかしい。

歌舞伎は老若男女・武家・町人の区別なく、江戸人の心をとらえた。人々はいっとき日常生活を離れ、夢をみるために芝居小屋を訪れる。その夢の入口が外題であった。外題には大入りを願って一定のルールがあった。文字数は原則として縁起がよいとされる（一字・二字・三字・五字・七字）で、多くが七字に作ってリズム感よく読めるようにした。『仮名手本忠臣蔵《かなでほんちゅうしんぐら》』はそのまま読めるが、『助六由縁江戸桜《すけろくゆかりのえどざくら》』『青砥稿花紅彩画《あおとぞうしはなのにしきえ》』『加賀見山旧錦絵《かがみやまこきょうのにしきえ》』のように自在に当て字が使われた。また「唐」「秋」「火」「悪」という字は縁起がわるいとして避けられた。「千秋楽《せんしゅうらく》」も「千穐楽」と書いた。

外題を考えるのは作者の重要な仕事だが、興行主や役者・裏方など多くの人の生活がかかっており、二世瀬川如皐《せがわじょこう》のような外題作りの名人に頼むことも行なわれた。

※浄瑠璃『西鶴置土産《さいかくおきみやげ》』

芸は身を助ける

「芸」にも学芸・武芸・技芸などさまざまあるが、ここにいう芸は唄や三味線・踊りなどの遊芸である。金に困らないとき道楽で習いおぼえた芸がその後、落ちぶれて困窮に迫られたとき、生計をささえるのに役立つことをいう。極端な例が「幇間《たいこもち》あげての末の幇間」で、幇間を引き連れて家産を蕩尽《とうじん》するほど遊んだあげく、今はみずからが幇間となっている。こういうのを「芸が身を助けるほどの不仕合わせ」といった。

江戸時代には男も女も芸の習得に熱心だった。商家の主人ならば、同業者の寄合の酒席で芸を披露することは商売上も不可欠だった。職人も同じで、顔つなぎのためには唄の一つも歌えなければならない。一方、女が芸を習うのはもっと実利がからんでいた。

江戸では娘の最良の奉公先は武家で、そのためには健康や器量だけでなく遊芸も大事だった。武家奉公を数年勤めると、礼儀作法や言葉遣いが身につき、それが大きな商家への嫁入りにつながった。『浮世風呂』に母親の命令で四、五カ所も稽古通いする娘がくわしく書かれている。しかし、多くはもくろみどおりにいかなかった。この女の子はやがてふつうに結婚すると、今度は自分の娘に熱心に稽古事に通わせる。

上手《じょうず》はあれど名人はなし

その道の「上手」とよばれる人はけっこう多いが、「名人」となるとなかなかいないという意味。江戸時代には囲碁・将棋で七段の者を「上手」、八段の者を「半名人」、九段の者を「名人」とよんだという。

囲碁・将棋にかぎらず、さまざまな分野で「上手」とか「名人」といわれるが、江戸時代の武芸や話芸などの諸芸では、「名人」と「上手」の間には深い川が流れていて、両者は隔絶している。囲碁や将棋のようにエスカレータ風につながってはいない。「上手の手から水が漏る」といって、「上手」クラスではまだ失敗することがある。しかし「名人」は失敗も芸になって失敗ではなくなる。「上手」の中のすぐれている人が懸命に努力したからといって、必ずしも「名人」になれるのではなかった。むろん努力は不可欠である。そしてどういうきっかけかはわからないが、何かの拍子に「上手」の岸から「名人」の岸へぱっと飛び移って、名人が生まれる。これを「名人は上手の上を一昇り」という。この行き掛かりについては、もっぱら落語の世界で言われてきたが、能《のう》や歌舞伎《かぶき》においても当てはまる。

弘法《こうぼう》にも筆の誤り

※滑稽本『笑註烈子《しょうちゅうれっし》』

弘法大師《だいし》（空海《くうかい》）は唐風《とうふう》（中国風）の書に優れていて、嵯峨《さが》天皇・橘逸勢《たちばなのはやなり》とともに「三筆」に数えられた。そんな書の名人でさえ書き損じをする。その道のプロでも、時に失敗することはあるということ。

同じ意味のことわざがたくさんあり、それぞれ微妙な違いがあって、使い方は一様ではない。このことわざに近いのは「釈迦《しゃか》にも経の読み違い」があり、いずれも上司や先輩のような目上の人の誤ちについていうのがふさわしい。一方、「猿も木から落ちる」「天狗の飛び損ね」「河童の川流れ」（次ページ）は、同僚や目下の者など親しい間柄で使う。自分のミスを「弘法にも筆の誤り」というのはおかしいし、上司が間違えたのを「猿も木から落ちる」と言えば、不興を買うことになる。

大師は天皇から高僧に贈られた称号で、八六六年の伝教《でんぎょう》大師（最澄《さいちょう》）に始まり、以来二十五人もいるが、大師といえば弘法大師とされる。人名がはっきり示されて、その活躍がことわざの内容になっているのは釈迦と弘法大師ぐらいである。「弘法筆を択ばず」もよく使われることわざである。

河童《かっぱ》の川流れ

※人情本『操形黄楊小櫛《みさおがたつげのおぐし》』

泳ぎの上手な河童が川で流され、溺れかかっているのである。どんなに上手な人でも、時に失敗することはあるという意味。「河童も一度は川流れ」「泳ぎ上手は川で死ぬ」ともいう。また同じ意味のことわざに「猿も木から落ちる」「弘法も筆の誤り」「釈迦にも経の読み違い」ほかがある。現代のわれわれには無縁で荒唐無稽な生き物に思われる「河童」が、「弘法大師」や「釈迦」のような大物と並んでことわざになっているのがおもしろい。河童は恐れられながらも親しまれていて、だれにも身近な存在だったのである。

河童は江戸時代に人間と最もよく接触した妖怪の一種で、もとは水神あるいは水神の従者である。人間社会に気軽に出入りして人馬を川へ引きずり込んだり、人と相撲を取ったり、田植えを手伝ったり、また便所で痴漢行為をするなど善行も悪行もし、痴漢のおわびには傷薬の処方を教えたりと、いろいろな伝承が日本各地にある。河童や天狗・鬼・座敷わらし・一つ目小僧・雪女などの妖怪は、人間に致命的な悪事を積極的に働くことがなく、また幽霊と違って怨念や祟りからも自由だった。多くは神仏や人間の知恵によって悔い改める善魔的な生き物であり、日本人の精神生活を豊かにしてくれたといえる。

縁《えん》の下の力持《ちからもち》

※浮世草子『小児養育気質《こどもそだてかたぎ》』

今は人目につかないところで他人のために力を尽くしている人をいうが、本来は縁日のときなどに寺や神社の高床の縁の下で、いろいろな力芸を見せて金をもらっていた見世物の「力持」を言った。せっかくの希有の力芸も縁の下では目立たなかったのである。

昔から地方の町村では「力石」とよばれる重い石を持ち上げたり、力業《ちからわざ》を競い合うことが行なわれた。一定の力石を持ち上げることが「一人前《いちにんまえ》」の条件になっていた村もある。神社の境内で力石を担ぎ上げるのを競ったり、相撲《すもう》を取ったりして、神に「大力」を奉納して豊作を願うことも行なわれた。力持は村人の憧憬《どうけい》と畏怖を集めた。

ところが江戸時代になると、力持の中から力芸を職業とする者が多く出た。第一は相撲取りに、第二には見世物の芸人に、第三は米問屋や酒問屋などに高い給金で雇われた。このことわざの力持はふつう軽業や曲《きょく》独楽《ごま》・女相撲などと一座を組んで小屋掛けで興行していたが、それとは違う一人だけの力持のようである。一方、「女力持」は独りでも集客力があり、江戸堺町には「五十蔵《ごじゅうぞう》」とよばれる私娼だった女が力持に転職し、米俵を乗せた車を持ち上げて人気があった。現代は残念ながら力持ちが大事にされていない。

飲む打つ買うの三拍子

大酒を飲み、博打《ばくち》を打ち、女遊びをするという男の三道楽のすべてに長《た》けていること。「三拍子がそろう」というのは、本来は囃子《はやし》で小鼓《こつづみ》・大鼓《おおかわ》・太鼓《たいこ》（または笛）の三つの拍子がそろうこと。快感の瞬間である。

一般には「心技体の三拍子がそろった横綱」とか、「結婚相手は学歴・収入・身長の三拍子がそろった三高《さんこう》がいいわ」のように望ましい資質について言われるが、「飲む打つ買うの三拍子」では困った状況である。

この三拍子が一応の評価を得たのは江戸などの職人の間である。「飲む打つ買う」に熱中したことがない男は仕事も半ちく（半端）だと変な理屈をつけられ、仲間外れにされかねなかった。マジメな男にとっては、とんだ迷惑である。

もっとも、それも若い修業時代の話で、三十歳を過ぎて所帯をもってなお「飲む打つ買う」にうつつを抜かしていれば馬鹿者扱いされた。いいかげんに「酒と女と博打には錠《じょう》をおろせ」と説教される。しかし、この三道楽のやっかいなところは「三どら煩悩《ぼんのう》」といって常習性があって、「わかっちゃいるけどやめられない」ことである。

悪銭《あくせん》身につかず

※歌舞伎『三人吉三《さんにんきちさ》廓初買《くるわのはつかい》』

盗みや賭博《とばく》などの不正行為で得た大金は浪費して、すぐになくなってしまうということ。何が「悪銭」かは時の法律や人の道徳観によって違うが、一般に労働によらないで得た金という意味合いがあり、富籤《とみくじ》（宝くじ）も「悪銭身につかず」の部類だろう。

江戸時代半ば、富籤は大金を得られる唯一の手立てとして盛んだった。文政年間（一八一八〜三〇）、江戸では三十三カ所で富興行が行なわれ、連日、成金《なりきん》が生まれた。とくに谷中《やなか》感応寺・湯島天神・目黒瀧泉寺《りゅうせんじ》は「江戸の三富」として人気があった。一等賞金は千両・五百両・三百両といろいろあったが、百両富が最も多い。

富札は千両富で一枚金一分《ぶ》（約二万五千円）と高価だった。江戸庶民が富籤にどんな夢を抱いたのか。落語『宿屋の富』ではまずは吉原へ行き、「妓《おんな》ァネ、身受けしてネ、え、家《うち》ィ買ってネ、入《へえ》ってヨ、え、女と差し向かいになるんだ。お膳の上を見るってえとネ、え、うなぎがあって、玉子焼きがあって、お刺身があって、お椀があって……ウン。〃ちょいと、おまえさん、燗《かん》がつきましたヨ。さ、お酌ゥ〃なんていやがるんだ」（『志ん生江戸ばなし』）と取り留めがなく、まさに「悪銭身につかず」である。

※辞書『諺苑』

博打《ばくち》打ちのちぎれ草履《ぞうり》

博打打ちは賭け事には有り金を投じるが、その他のものには金を惜しむ。これは博打に負けて金がないということもあるが、金があっても博打以外で金を使うのが惜しいというギャンブラーの心情によるところが大きい。結局、ちぎれた草履をはきつづける。

江戸時代には武家・町人から丁稚《でっち》・下男・下女まで、それぞれが身丈《みたけ》に合った賭け事をしている。幕府は厳しく取り締まり、賭場《とば》を開帳している者や賭博常習者は遠島（島流し）という重刑にした。八丈島に送られた罪人の第一位は賭博犯で、一八二三年（文政六）からの三十年間で百三十七人もおり、第二位の女犯僧《にょぼんそう》（六十六人）の二倍以上である。

賭け事は大儲けすることが時にあり、その快感が忘れられず、「濡れ手で粟《あわ》」を願ってギャンブルの魔力に引き込まれる。儲ければ「もっと」と思い、損すれば「このままでは帰れない」と、どちらにしても勝負をつづける。結局、「取ろう取ろうで取られる」とか「負け博打のしこり打ち」になる。文化期（一八〇〇年代初め）、服用すれば必ず博打に勝てる「開運勝利散」という粉薬を製造・販売した武家が江戸にいて、彼は一日に多いときで四十両前後を売り上げたが、早々に姿をくらました。賭博の蔓延ぶりがわかる。

旅は憂《う》いもの辛《つら》いもの

浮世草子『略縁起出家形気《りやくえんぎしゆつけかたぎ》』

今はよほどの秘境でもないかぎり、交通手段も宿泊施設もととのっており、また金銭の補充も随所で行なえて、安全・快適に旅をつづけられる。江戸時代の旅はまるで違っていた。街道や旅籠《はたご》がととのっているのは主要街道にかぎられ、もっぱら自分の足が頼りであった。旅なれた芭蕉《ばしょう》でさえ、旅立ちのとき「野ざらしを心に風のしむ身哉《かな》」と、野垂れ死にを覚悟して旅立っている。

旅がどれほど「憂いもの辛いもの」だったかは、旅に携行した物を見ればわかる。ざっと列記すると、矢立て・扇子・糸・針・懐中鏡・日記・手帳・櫛《くし》・鬢付油《びんつけあぶら》・提灯《ちょうちん》・蝋《ろう》燭《そく》・火打ち道具・付け木・麻綱・印判・手拭・湯手拭・鼻紙・道中記・大財布・小財布・巾着《きんちゃく》・さすが（小刀）・耳かき・錐《きり》・小算盤《こそろばん》・大風呂敷・小風呂敷・合羽《かっぱ》・笠と三十品。それに薬は熊胆《くまのい》・五苓散《ごれいさん》・延齢丹《えんれいたん》・モグサなど七種。そして決して忘れてはならないのがパスポートにあたる往来切手（檀那寺《だんなでら》が発行）と関所手形（町役人が発行）であった。

これだけの荷物を振り分け荷物にして旅をつづける。晴天つづきで、腹痛も起きなければ幸いである。

※『やぶにまぐわ』

旅は道連れ、世は情け

一人旅のほうが好きだという人は少なくない。この「道連れ」は一緒に旅立ってきた知り合いではなく、心細い思いで旅をしている間にたまたま知り合って同行している人である。江戸時代の旅には危険が多くて不安であり、道連れがあったほうが心強い。また人生を渡っていくうえでも人の情けがあると心強いというのが、このことわざである。

しかし実際に旅をするとなると、こんなふうに人を信用していると、ひどい目にあった。旅人必携のベストセラーに『旅行用心集』（一八一〇年刊）があり、ここには「道中にて或ハ両三日、又ハ五、七日道連《みちづれ》になり、其《その》人信実に見《みえ》るとても、同宿し、或ハ食物、并《ならび》に薬等《など》互《たがい》にとりやり決而《けつして》すべからず」と、人を信用して気安く道連れになることを戒めている。同宿したとき、一瞬のすきを見て、財布や荷物を持ち逃げされることがよく起きた。この本には道連れがすすめる薬をもらって服用するなとか、道中で小唄や浄瑠璃を口ずさんでいる相手に調子を合わせて歌うなとか、細かな「道中用心」が書かれている。

街道で旅人を相手に稼いでいたのは護摩《ごま》の灰や追剥《おいはぎ》・スリだけではなく、「道連れ」のプロもいたのである。このことわざは古くからあり、彼らはそれを巧みに利用した。

客の朝起き

客を迎えるときのホスト・ホステス側の心構えについては、江戸時代からいろいろとある。「茶の花香《はなが》より気の花香」（よいお茶よりも心からの歓迎）、「酒飯雪隠《さけめしせっちん》」（配慮すべき三つ）、そして「亭主八杯、客三杯」（客が気兼ねしないよう亭主が多く酒を飲む）など。

一方、招かれる客の第一の心得は「止めたい客も去《い》ねば助かる」（どんな珍客も帰ってくれればホッとする）ということである。これらのことわざは、いずれも客をちゃんと迎えることのできる屋敷や家のある人の話で、長屋住まいの人たちは関係がない。

この「客の朝起き」ということわざは、この後に「宿《やど》の迷惑」と続けてもいい、旅籠《はたご》の話である。「お江戸日本橋七つ立ち……」という唄がある。自分の家から七つ（午前四時ごろ）に出立するぶんにはかまわないが、旅籠から七つに出るとなると、宿の者が戸締まりを一度開けなければならない。提灯《ちょうちん》に火を入れたりもする。迷惑ではあるが、よほど火急の用があるのだろうし、サービス業なので頼まれればやる。

一般の家で客が先にごそごそ動き出したら、主人は寝ていられなくなる。目が覚めても、客はじっとしていなさいということである。

旅の恥は掻《か》き捨て

※滑稽本『箱根草《はこねぐさ》』

旅先では知っている人がいないので、少々恥ずかしいことをしても、その場かぎりですむという意味。だから羽目をはずして、ふだんはしない恥ずべきことをしてしまえというのは、明治時代になってからの使い方。類似句に「後《あと》は野となれ山となれ」がある。

江戸後期、庶民の間に社寺参詣や物見遊山《ものみゆさん》・湯治《とうじ》の旅が盛んになると、旅のスケジュールの中に遊興の要素が盛り込まれた。街道の宿場町ではほとんどの旅籠《はたご》が夜の接客をつとめる飯盛女《めしもりおんな》を置き、また寺社の門前町には遊所が設けられた。伊勢参りに来ながら、「伊勢へ来て大神宮へ寄ってくる」という不心得者もいた。伊勢神宮より伊勢の遊郭古市《ふるいち》に熱心にお参りし、『伊勢音頭』に浮かれて羽目をはずしてドンチャン騒ぎのすえに「旅の恥は掻き捨て」になる。帰郷する旅費を使い果たして流浪する者も出た。

伊勢参りの途中で遊んだ相手に「江戸に来たけりゃ、佃島《つくだじま》でオレの名を言えばいい」と見栄をきったところ、現実に女が佃島に来てしまった話が『耳嚢《みみぶくろ》』にある。これは大変と、男を死んだことにして墓まで見せたところ、女はその墓前で後追い自殺をしたという。こんなふうに「旅の恥は掻き捨て」にならないことも起きる。

川越して宿を取れ

安全に旅をつづけるために守らなければならない心得は今でもいろいろあるが、江戸時代には今では考えられない注意事項があった。当時の旅で最大の障害は関所と川越しである。関所は明け六つ（午前六時ごろ）になれば通行可能になるが、川越しは大雨で川止めになると、水量が腋《わき》の下まで下がらなければ何日間も先へ進めない。

滝沢馬琴《ばきん》は一八〇二年（享和《きょうわ》二）五月、京都・大坂・伊勢へ取材旅行に出たが、途中、大井川が増水して島田宿に二日間とじこめられている。前後の宿場は参勤《さんきん》交代の大名一行であふれ、馬琴は泊まる予定の旅籠に泊まれず、商人の家に泊めてもらい、食事を出前してもらった。彼は二日間ですんだが、このとき六日前から川止めになっていた。川は越えられるときに渡ってしまわなければ、どんな災難が待ち構えているかわからない。

川越し賃は水量によって五段階あった。最も水量の少ない股下《ももした》以下で、肩車が四十八文、川越し可能な限度の腋下で九十四文。女性は連台《れんだい》渡しなので四人がかつぎ、さらに連台の利用料が人足二人分なので、肩車の六倍もかかる。これは二人まで乗れるのでワリカンにする。東海道の大井川・安倍川には川会所《かわかいしょ》が設けられ、役人が人足を見張っていた。

※浄瑠璃『糸桜本町育《いとざくらほんちようそだち》』

伊勢へ七度《ななたび》、熊野へ三度《みたび》

伊勢参りに七度、熊野詣でには三度も行ったということで、信仰心の厚いこと、また信心はいくら熱心でもよいという意味。現実には伊勢参りは一生に一度できれば幸運であり、それも町人・農民が旅費を出し合って、毎年代参だけがお参りする「伊勢講」のような形が一般的だった。講中全員の大神宮札を授かってくる。

ところが江戸後期になると旅もだいぶしやすくなり、信心に加えて観光の要素も強くなった。一八四五年（弘化二）、武蔵喜多見《きたみ》（東京都世田谷区）の二十四歳の農民国三郎が伊勢参りをしている。伊勢までのんびり十五泊し、旅籠代から食事代、よく乗る駕籠賃など全旅費が約七千文（約十七万五千円）だった。伊勢参宮のあとは奈良見物、大坂から船で四国の金毘羅《こんぴら》さん、松山の道後《どうご》温泉、瀬戸内海を渡って宮島、岩国の錦帯橋《きんたいきょう》、そして大坂・宇治・京都・比叡山、中山道経由で伊香保温泉に立ち寄り、三カ月近い旅を終えた。

伊勢参りのついでに熊野や高野山・奈良・京都などを周遊する人が増えたのは、「浪花《なにわ》講《こう》」などの指定旅籠組合ができて、組合員証の木札を持っていれば、各宿場にあった協定旅籠に宿泊でき、安心して旅をつづけられたからである。

急がば回れ

※咄本『醒睡笑《せいすいしょう》』

これも旅に関することわざで、目的地へ急ぐときは少し遠回りになっても、安全で確実な道を行けということ。室町時代半ばの連歌師宗長《そうちょう》が詠んだ「武士《もののふ》の矢馳《やばせ》の船は早くとも急がば回れ瀬田の長橋《ながはし》」という歌による。

「矢馳」は東海道草津宿に近い今の滋賀県草津市矢橋で、早くから琵琶湖南端の瀬田川河口沖を横断して大津へ渡る船が出ていた。海路ならば陸路の半分近い六キロ程度の距離であった。しかし風むきによっては進まなかったり、最悪の場合には船が転覆した。ずっと遠回りになるが陸路で瀬田の唐橋《からはし》を歩いて行くほうが安全で確実であるということ。

江戸時代になると、このことわざは広く知られたが、矢馳・大津間には渡し船が相変わらず運行されていて、「急がば回れ」の教訓は無視された。たぶん船も室町時代のものよりは安全性が増したのではないかと思う。東海道では宮《みや》・桑名間の「七里の渡し」があり、いちばん大きな船は五十三人乗りの船が約四時間かけて行き来していた。「急がば回れ」ではなく、船旅の嫌いな人が陸路を行った。「急がば回れ」は旅のノウハウから離れて、あらゆる生活の場面で迂遠《うえん》でも安全・着実な方法をとれという戒めに生かされている。

※俳書『毛吹草《けふきぐさ》』

鰯《いわし》の頭《あたま》も信心から

イワシは戦国時代から最も漁獲量の多い魚であったが、それでも京都などの都会では高値で、イエズス会宣教師フロイスは祭日にしか食べられないと言っている。しかし江戸前期には肥料の干鰯《ほしか》にされるほど捕れ、「鯛《たい》」の対極にある身近な下魚となった。

このことわざは、イワシの頭のような煮ても焼いても食えぬつまらないものでも、いったん信仰の対象にしてしまうと、尊い神仏同様ありがたく思えるということ。信仰を迷妄《めいもう》とし、それに没入する人や態度を批判的に見ている。信仰においてはしばしば知識・理性を受けつけず、信仰しない人にとっては理解しがたいことが真剣に行なわれる。ことわざには合理的な批判精神が込められたものがあり、これもその一例といってよい。

信心を批判することわざに「鰯の頭」が持ち出されているのは、節分のときイワシの頭を焼いてヒイラギの枝に刺し、戸口にかかげるヤイカガシの風習が広く行なわれていたのに関係がある。イワシの頭は悪臭によって、ヒイラギは葉にあるトゲによって邪鬼を追い払うといわれる。この場合は俗信であって信仰ではない。江戸時代の人は神仏でも利用できるものは気軽に利用した。

信《しん》は荘厳《しょうごん》より起こる

※狂言『泣尼《なきあま》』

信仰心というのは寺の堂塔や神社の本殿が目をみはるほど立派に装飾されているところから起こるという意味。仏や神の教えが正しいと信じて信仰するのは、ずっと後のことだという意味である。「稲荷《いなり》の玉垣《たまがき》朱《あか》くなければ信がさめる」という言葉もある。

法隆寺や東大寺、また伊勢神宮や厳島神社などの古社寺を訪れると、その壮麗な建物群に圧倒させられる。建造物や安置されている神仏に対しては長い歴史の時をへて、今では信心からはなれて美しいものとして心を奪われ、自然と手を合わせることができる。

宗教も一宗一派となると教団によってささえられ、教団はつねに今よりも多くの信者を獲得しようとして布教活動に邁進する。それがしばしば過熱して他宗派を攻撃し、最悪の場合には戦争にまでエスカレートすることは数多く、これは過去のことではない。

より多くの信者を獲得するため最も有効な策の一つが壮麗な建物だった。仏教にかぎらずキリスト教・イスラム教などもみな大教会堂を建て、堂内に神や仏をまつり、荘厳な音楽で満たして非日常の空間を創出した。これは現代でも踏襲され、新しい教団は教勢拡大のためまっさきに大建築を建てる例が多く、このことわざはそのことを言っている。

触《さわ》らぬ神に祟《たた》りなし

※歌舞伎『左近太郎雪辻能《さこんたろうゆきのつじのう》』

なまじ関わり合いをもたなければ災いをうけることもないという意味。最近は下手に関わって危険な目にあうより、知らんぷりをしていたほうが賢明だという意味で使われる。「触らぬ蜂は刺さぬ」「触らぬ漆《うるし》に負けぬ」ということわざもあり、具体的でわかりやすいが、あまり使われない。「神」と「祟り」のほうがインパクトがあるからだろうか。

「触らぬ神に祟りなし」ということわざには、日本人がまだ素朴な信仰生活を送っていたときの記憶が生きている。われわれが尊んで拝礼する神仏は、本来は願いごとをかなえてくれるものだったが、神仏の意志に反して不法・不敬を働けば怒りをかって懲罰（祟り）をうけるという考えが生まれた。さらに祟りをなす神仏に生霊《いきりょう》や死霊《しりょう》・動物霊・植物霊なども加えられて、「祟り」観念が広がりつづけてきた。「祟り」の特徴は当人が意識しているか無意識かに関係なく懲罰的にもたらされることである。神仏の本意は人間にはうかがい知れないから、軽い気持ちで願いごとを祈ったり、なまじ信仰しないほうがよいというのが、このことわざである。単刀直入に「仏ほっとけ神かまうな」ということわざもある。ところが人はさほど強くはなく、「苦しい時の神頼み」をしてしまう。

牛に引かれて善光寺《ぜんこうじ》参り

※『本朝俚諺《ほんちょうりげん》』

よく知られることわざだが、これだけではワケがわからない。『本朝俚諺』（一七一五年）に「養草《やしないぐさ》に云《いわ》く、むかし信濃国《しなののくに》善光寺近辺に七十にあまる姥ありしが、隣家の牛放《はな》れて、さらし置ける布を角に引きかけ、善光寺に駆けこみしを姥追いゆき、はじめて霊場なることを知り、たびたび参詣して後世を願えり」とあるのによって、脈絡がつく。自分の意志ではなく、思いがけないきっかけで善いほうへ導かれることをいう。

善光寺の本尊阿弥陀如来《あみだにょらい》はインド・朝鮮をへて五五二年（欽明《きんめい》十三）に日本に伝来したと伝わるが、戦国時代に数奇な転変を重ねた。武田信玄は信濃を制圧すると、甲府に善光寺を建立して本尊阿弥陀如来を遷座《せんざ》した。この後、覇権が移るごとに、阿弥陀如来は織田信長・信忠によって尾張の甚目寺《じもくじ》へ、徳川家康により浜松の鴨江寺《かもえじ》へ、豊臣秀吉により京都方広寺へと遷されて本尊とされた。秀吉が死去し、信濃善光寺に還御《かんぎょ》されたのである。

江戸時代、江戸では有名寺院の本尊が出開帳《でかいちょう》されたが、いちばん多くの参拝者を集めたのが善光寺の阿弥陀如来だった。これは「お前立ち」といわれる身代わりの本尊である。善光寺信仰の隆盛には「牛に引かれて善光寺参り」ということわざも一役買っている。

門前の小僧、習わぬ経を読む

※俳書『毛吹草』

寺の門前に住んでいる子供は毎日、坊さんのあげる経を聞いているうちに、お経を唱えることができるようになる。人は住む環境に感化され、能力を伸ばすこともできるということで、同じ考え方でよく知られるのは「孟母三遷《もうぼさんせん》の教え」である。

孟子《もうし》は幼いころ墓場の近くに住んでおり、いつも墓を造って遊んでいた。孟母はこれを見て愛息子《まなむすこ》の将来を案じ、市場《いちば》へ引っ越した。すると今度は商売ごっこで遊ぶ。また心配になり、次は学校のそばに移ると、孟子は礼儀作法・学問のまねごとをしている。孟母は安心し、ここに住み着いたという話である。この間、なぜ孟父は孟母に一言ないのかがわからない。あるいは亡くなっていたのだろうか。孟子の母は教育ママの元祖である。

江戸時代にはどこにも寺子屋があって、ふつう七、八歳で入学し、十二、三歳まで読み・書き・ソロバン、女の子は裁縫も習った。師匠は約四割が庶民で、次いで武士、僧侶、医者、神官だった。授業料は定まりはあったが、親の資力によって違いが生まれ、納めなくとも督促しない。金のために教えているのではないという自負があったからである。師匠は経済的には苦しかったが、この自負心によって寺子屋の「教育力」は高かった。

瓜《うり》に爪《つめ》あり、爪に爪なし

字形が似ていて間違いやすい漢字を正しく覚えるための言葉である。「瓜」の字にツメがあって「爪」の字にツメがない点を指摘していておもしろい。こうした七七調の軽快な覚え方は「牛に角《つの》あり、午《うま》に角なし」など、いくつかある。

この「午」もそうだが、生活に密着していた干支《えと》の漢字はとくに間違えないように配慮されたのか、「己《こ》」と「已《い》」「巳《み》」、「戊《つちのえ》」「戌《いぬ》」と「戍《まもる》」「戉《まさかり》」についても記憶歌があるが、現代のわれわれには漢字自体が縁遠くなっているのでわかりにくい。「言うは誰《たれ》、金《かね》は錐《きり》なり、手にて推す、木は椎《しい》なるぞ、禾《のぎ》は稚《おさな》し」というのもある。「誰・錐・推・椎・稚」は「隹《ふるとり》」にどんな偏が付くかによって読み方が異なることを言ったもの。

日本人は漢字に苦労しながらも知恵を動員して自由に駆使した。その好例が国字で、日本製の漢字を作った。山を上り下りするので「峠」、風が止んでいるので「凪《なぎ》」など、とくに木や魚・鳥については大量の国字が作られた。「働」は国字だが中国でも使われた。

また「女三人寄れば姦《かしま》しい」の「姦」の字があるなら、「⿱男⿰男男」があってもいいだろうと国字を作っている。男が三人集まると「たばかる」、だまし合いをするそうだ。

三人寄れば文殊《もんじゅ》の知恵

※俳書『世話尽』

人間は愚かなものだが、しかし三人集まって考えれば、文殊菩薩《ぼさつ》のようないい知恵が浮かぶものだという意味。文殊菩薩は知恵をつかさどり、釈迦三尊像《しゃかさんぞんぞう》では左の脇侍《わきじ》として獅子《し》に乗った姿で表わされている。右には徳をつかさどる普賢《ふげん》菩薩が白象に乗っている。

「一人」では、何につけても一面的な考えになる。「二人」ならば別の見方・考え方ができるが、対立したときには結論が出ない。「三人」になれば多数決も可能になり、また議論も新しい展開が生まれ、よい知恵が浮かんでくる可能性はずっと高くなる。

最初の戦国大名である北条早雲《ほうじょうそううん》が制定した家訓『早雲寺殿《そううんじどの》廿一箇条』に「三人で事を行なうとき、必ずわが師がいる。善い者を見たら師として見習い、悪い者を見たら反面教師として改める」と説いている。これは『論語』からの援用であるが、「三人」のグループは「一人」「二人」とは質的に別とされる。「三人寄れば公界《くがい》」「三人寄れば人中《ひとなか》」といわれるように最小の公《おおやけ》の「世間」ができあがり、リーダーが生まれて秩序が生まれる。このことわざは三人の中に有能なリーダーがいて文殊の知恵が生まれるとまでは説いていないが、そうした可能性も予感している言葉である。

※俳書『毛吹草』

論語《ろんご》読みの論語知らず

『論語』は紀元前五世紀の思想家孔子《こうし》と弟子たちの言行録。根本思想の「仁《じん》」が説かれ、儒教の最も重要な書である。日本には五世紀ごろに伝わったという。以来、日本でいちばん読まれてきた本といえよう。江戸時代には日本中の寺子屋で「子曰《しのたまわ》く……」と読み聞かせられた。ところがこのことわざは、『論語』を読んで教えている儒者が、その説かれていることをいっこうに実践していないことを批判している。そんな儒者に教われば、「論語で親の頭を打つ」という不届き者も出てくる。

『論語』は日本人の精神史のうえでも大きな役割をはたしてきた。その言葉はことわざの宝庫である。「一を聞いて十を知る」「巧言令色、鮮《すくな》し仁」「四十にして惑《まど》わず」など、文庫本一冊に数百の名言・ことわざがある。儒教の仁・義・礼などの抽象論だけでなく、現実的な政治感覚・道徳観があって今でも納得できる。たとえば「危邦《きほう》に入らず、乱邦《らんぽう》に居《お》らず」は海外旅行をするときの基本である。わたしの好きな言葉は「博奕《ばくえき》なるものあらずや。これを為すは猶《な》お已《や》むに賢《まさ》れり」で、腹一杯になって何もしないでゴロゴロしているより、博打《ばくち》をしているほうがマシだぞという教えである。

※『譬喩尽』

清水《きよみず》の舞台から飛び下りる

必死の覚悟で物事を決行するときのたとえである。「清水の舞台」は京都東山の清水寺本堂であり、崖に建てられたので南側の前面は舞台造りになっている。ここは文字どおり舞台になり、本堂に安置される十一面千手《せんじゅ》観音に舞楽や能が奉納される。舞台は崖下まで約十三メートルもあり、江戸時代には願かけして飛び下りれば、願い事がかなうと信じられていた。『東海道中膝栗毛《ひざくりげ》』で弥次・喜多が「弥次さん、かのうわさにきいた、傘をさして飛ぶというは、この舞台からだな」と言っているように、若い娘が恋の成就を願って、また難病の人が病気の平癒を願って、手にした傘を開いて落下した。

この「飛び下り」は観音信仰に特徴的に見られる。清水寺は西国三十三所の十六番札所であるが、六番札所の壺阪寺に伝わった開眼霊験譚が典型的である。その話は明治時代に浄瑠璃『壺坂霊験記』に作られて広く知られたが、観音信仰では救済を観音にギリギリまで願っても報われず、絶望のすえにわが身を捨てて飛び下りた瞬間、観音に願いが届く。清水寺では元禄期からの約百五十年間に二百三十四件の飛び下りがあった。信心の究極的な発現なので寺としては禁止できなかったが、国が明治五年に飛び下りを禁止した。

第五章

遠くの親類より近くの他人?

——江戸の人間関係

一寸《いっすん》の虫にも五分の魂

※浄瑠璃『天智天皇《てんじてんのう》』

どんなに小さな虫にも意地はある。だから侮《あなど》ってはならないということ。また、だから決して侮られてはならないという、両方の立場で使われる。この近松門左衛門《ちかまつもんざえもん》作の浄瑠璃では「一寸の虫」は「蒼蠅《あおばえ》」とよばれる、猛毒があって腹中に入ると人を殺すといわれた小虫である。実際にはそんなことはなかったが、腹部が青く金属光沢をもってふくらみ、薄気味の悪いものではあった。このことわざをふまえて、「一寸の草にも五分の春の色」という同じ意味で、きれいな川柳《せんりゆう》がある。

このことわざはむろん虫に仮託して人間について言っている。体が小さいと、一般に体力が劣ると思われがちであるが、むしろ敏捷性がまさり、そのうえ知力や意地が目立って、体が大きい者よりも評価が高い。「独活《うど》の大木《たいぼく》」とか「大男総身《そうみ》に知恵が回りかね」などと、ことわざは大きな男に対してはやさしくない。

この「一寸の虫にも五分の魂」と同根の言葉に「山椒《さんしよう》は小粒でもぴりりと辛い」ということわざがある。江戸庶民は「意地」とか「張り」を大事にして人と付き合っており、これらのことわざは男の一分を立てようとするときに覚悟の程をしめす言葉だった。

情けは人の為ならず

※仮名草子『新薄雪物語《しんうすゆきものがたり》』

人に情けをかけるのは他人のためではない。回りまわって、わが身に返ってくるから、人には情けをかけなさいという意味である。むろん見返りを期待しているわけではない。近年、このことわざは逆の意味に理解されている。つまり情けをかけると、その人を甘やかすことになるのでタメにならない。情けをかけるなという意味である。

一九五〇年代半ばに、こういう解釈が現われ、八〇年代には中学生に五つの選択肢の中から正しい意味を選ばせたところ、正答はわずか十四パーセント、約五十六パーセントは「甘やかすのでよくない」であった。

主意を言いきらずに相手に考えさせる回りくどい表現法だったので、誤解が生まれることになったが、時代の変化も大きく影響している。江戸時代には寺子屋の上級生は「陰徳あれば陽報あり」（『童子教《どうじきょう》』）という言葉・理屈を学んでいた。「情けは人の為ならず」という問いかけはすんなり理解できた。ところが江戸末期に『与話情浮名横櫛《よはなさけうきなのよこぐし》』が上演されて、「しがねえ恋の情けが仇《あだ》」という台詞が人気をよび、「情けが仇」が独り立ちして流布した。このあたりから誤解が始まったのではないかと思われる。

※歌舞伎『人間万事金世中《にんげんばんじかねのよのなか》』

人を使うは使われる

人を使うということは、逆にその人に使われているようなものである。「使う者は使われる」「奉公人に使われる」なども同じ意味である。働いてもらう人への気遣いだけでなく、職場環境をととのえたり、その人の性格なども理解しなければならず、気苦労が多いものである。江戸時代にも気にかなう奉公人を雇い入れるのは大変だった。

当時は武家・商家の区別なく下男・下女などの奉公人の雇用期間が定まっていた。江戸初期には短期の雇用を禁じて三年間だったが、失業者がたまったため一年季とし、江戸後期には半季となった。その切替日も「出替日《でがわりび》」として定まり、江戸では三月五日と九月十日であった。一度雇用すれば、気に入らなくとも出替日まで雇わなければならない。一方勤めぶりが気に入って雇用を延長するのを「重年《ちようねん》」といい、給金が一割増しになる。

武家奉公人（下男）には一カ所に永年勤続を望む者は少なく、少しでも給金がよい屋敷へ転職した。一方、下女は一ヵ所に長く勤める者が多かった。出替日が近づくと、「重年をさせなさるかと水を向け」と、主人を色気で誘う女もいた。しかし女奉公人の採否を決めるのは奥方なので、「重年がしたかろうがと下女を妬《や》き」と、しっぺ返しされる。

※『やぶにまぐわ』

仏《ほとけ》の顔も三度

　仏様でも顔を三度逆なでされれば怒りだす。どんなに温和な人でも、何度もばかにされれば腹を立てるということ。「仏の顔も日に三度」、また「地蔵の顔も三度」、さらには「猫の顔も三度」という言葉もある。

「なでる」というのはふつう親愛の情がこもった行為で、「頭をなでる」のも「髪をなでる」のも愛情表現の一つである。「尻をなでる」のも愛情表現だが、これは相手との関係性によって、事態は正反対の結果になる。江戸時代に「なでる」よりも明確な意志を表わした行為に「つめる（つねる）」があった。男でも女でも尻をつねると、性的な関係を求める合図になった。仏の顔から、とんでもない話になった。

　意味のはっきりしない行為がある一方で、はっきりしている行為もあり、「顔をなでる」のでも、ちょっと変えれば別の意味になる。顔を下からなでれば喧嘩の宣戦布告である。

『やぶにまぐわ』以前の近松門左衛門《ちかまつもんざえもん》の『冥土《めいど》の飛脚《ひきやく》』では「またたまされし正直の親の心や仏の顔も三度飛脚の……」と、放蕩息子がなでるのは母親の顔で、これは三度ではすまず、母親は何度もなでられ、だまされそうである。

※俳書『毛吹草《けふきぐさ》』

鬼の目にも涙

「鬼」の登場することわざは、手元にある中程度の規模のことわざ辞典でも百近くある。このことわざでは鬼のようにふだん厳しく恐い人も、時にやさしい気持ちになって涙を流すということ。ことわざの「鬼」は人間と変わらない心性をもっていて、泣いたり、笑ったり、風邪をひいたりする。「鬼」にはさまざまな性格が多重的に混ざっている。

中国から伝わった「鬼《き》」はこの世に思いを残した死霊で、平安時代に「もののけ」のような恐怖観念と結びついて祟《たた》りをなす「鬼《おに》」が生まれた。本来は目に見えない存在だったが、平安後期に浄土教に取り込まれ、地獄絵には赤・青・緑・黒の肌色をした恐ろしい獄《ごく》卒《そつ》に描かれた。

ところが、その一方で日本人はこの地獄系の鬼とは別の鬼とも共生していた。祭りなどの年中行事のときに山から里に下りてくる鬼で、村の人々の供応を受けると豊作や幸福を約束して山に帰る。こちらの鬼は説話や民話・郷土芸能の中に生きており、ことわざの鬼もこの系統が多い。恐ろしいだけでなく、親しみのもてる自由な生活者で、生き生きとして愉快なことわざ群を生み出している。

魚心《うおごころ》あれば水心《みずごころ》

※浄瑠璃『関取千両幟《せきとりせんりょうのぼり》』

もとは「魚《うお》、心《こころ》あれば、水、心あり」といい、魚に水を慕う心があれば、水にも魚を思う心が生まれるという意味。すでに江戸時代半ばには「魚心」「水心」と、それぞれ一語として用いられている。相手が自分に好意をもっているなら、わたしもその人に好意を抱くということ。「水心あれば魚心」ともいい、さらに密接な関係で「魚と水」という。

同じ意味で、ずっとくだけた表現として「思えば思わるる」（『三人吉三廓初買《さんにんきちさくるわのはつかい》』）があり、また中国からの四字熟語には「落花流水」がある。これは、散る花びらには水の流れに身をまかせて流れたいという思いがあり、川の水も花をのせて流れたいという思いがあるということで、はっきりと男女間の恋愛感情をいっている。

江戸時代には「魚心あれば水心」も、そうした男女間の感情をさしていたが、さらに広範な意味領域をもつに至っている。たとえば公共工事の入札をめぐって、しばしばニュース・ネタになる政治家と建設業者の贈収賄事件なんかでも、「魚心あれば水心」といわれる。最近はむしろ男女間の駆け引きよりは、こうした裏取引や癒着を暗示させる関係に多用されているようである。

※浄瑠璃『生写朝顔話《しょううつしあさがおばなし》』

海に千年、山に千年

海に千年、山に千年も住んだ蛇は竜になるという俗信から、年を経て世間の裏表に通じ、一筋縄ではいかない人をいう。蛇が竜になるというと、中国流の考え方ではすぐれた人物に生まれ変わったと思えるのだが、日本ではまったく別の意味になり、ひたすら悪賢く変貌をとげたのである。「海に千年、河に千年」、またたんに「海千山千《うみせんやません》」ともいう。

「海」や「山」「河」はここでは人を育む美しい環境としてではなく、苛酷で恐ろしくて生きていくのが容易ではないところとして示されている。こうした場合、ことわざでは人間はそうした逆境に打ち勝って、立派に変貌を遂げた姿になって登場することが多いのだが、このことわざでは長い間の苦労・辛酸が人を悪賢くするという。「煮ても焼いても食えない」とか「一筋縄ではいかない」といわれる人間である。

現代でも「海千山千」といわれると、仕事やそれ以外でもパートナーとして遠ざけられるが、江戸の社会でも日常的な付き合いを拒まれた。「海千山千」の典型例とされているのは、娘のときから身をひさいでいて今は頭髪も抜けかかった女郎《じょろう》であるが、そうした女を好む男もいて、海千山千ぶりではどっこいどっこいである。

すまじきものは宮仕え

※幸若舞『信太《しだ》』

人に仕えるのは上司や同僚に気をつかい、何かと苦労が絶えないので、出来ることならしないほうがよいという意味。だれしもそう思いながら、そうはいかないのが現実である。「さすまいものは宮仕え」ともいい、これはわが子への親の思い。

「宮仕え」というのは、宮中や身分・地位の高い人に仕えること。今も官庁や会社に勤めることを自嘲的に言ったりするが、このことわざが使われた室町・江戸時代には「宮仕え」には自分の命を捨てての奉公まで含まれていた。

このことわざは江戸時代の庶民に広く浸透していた。一七四六年（延享三）にできた歌舞伎『菅原伝授手習鑑《すがわらでんじゅてならいかがみ》』の「寺子屋」の段で、寺子屋師匠源蔵が菅丞相《かんしょうじょう》の一子秀才《しゅうさい》の身代わりに小太郎の首を斬るところで、「妻が嘆けば夫も目をすり、すまじきものは宮仕えじゃなあ」と叫ぶ台詞によってである。その首を実検するのは小太郎の父松王丸で、わが子の首を見て「菅秀才の首に間違いない」と証言する。主君であった菅丞相の忘れ形見の秀才の命は救われる。そんな極限状況で発された言葉である。気軽に「すまじきものは宮仕え」などと言わないでほしい。

※辞書『諺苑《げんえん》』

人を呪《のろ》わば穴二つ

この「穴」は墓穴である。人を呪い殺そうとするなら、その人用と自分用に二つの墓穴《ぼけつ》を掘っておけということ。「人を祈らば穴二つ」ともいい、この場合も相手が死ぬように祈っているのである。人を不幸に陥れようとすれば、その報いは自分にも及ぶぞと戒めたことわざ。

何か理由があって人を憎んだり、機会があれば仕返しをしようと思うことは、日常よく起こり得ることである。しかし「呪う」というのは、神仏の力を頼って祈ったり、呪術的な行為をともなう別次元の行ないになる。「呪い」は本来は共同体のみんなの祈願として行なわれたのが、個人的利己的なものへと広がっていったものである。

「人を呪う」方法として行なわれたのは「丑《うし》の刻《こく》参り」である。だれにも見られないよう午前二時ごろ神社に参り、神木《しんぼく》に藁人形《わらにんぎょう》を五寸釘で打ちつけるというもの。最近は神仏に対する信仰自体が薄れて、「呪い」への信仰・信頼性も当然薄れていると思うのだが、藁人形も五寸釘も使わずに名札や名刺・顔写真に釘や画鋲を打つ簡便なやり方が行なわれているという。お手軽になったものである。

坊主憎けりゃ袈裟《けさ》まで憎い

※浄瑠璃『北条時頼記《ほうじょうじらいき》』

江戸時代の僧侶は今とはまるで違う役目をはたしていた。幕府はキリスト教を禁止したさい、その証明のために武士も庶民も檀家《だんか》として檀那寺《だんなでら》に所属させた。檀那寺の住職は檀家の戸主の名・年齢・妻の実家・結婚年月日・子の生年月日、奉公人がいればその名・年齢・雇用年月日などを記した「宗門人別改帳《しゅうもんにんべつあらためちょう》」を作り、宗門改役《あらためやく》に提出した。この「人別帳」に記載されていない者が「無宿者《むしゅくもの》」である。

住民は結婚のときには身元証明書を、旅するときには往来手形を、死亡したときには焼場切手を、檀那寺の坊さんに発行してもらわなければならない。寺は今の市町村役場の住民課にあたり、幕政の末端を担当していた。幕府はその代償として坊さんの衣食住の諸経費から本堂などの修築費、法要の費用、本山への寄付金、僧侶の位階取得金などを檀家に負担させた。坊主が憎いというのは、このあたりに理由があるのではないか。

加えて坊さんは本来、仏に仕える清浄な身であるはずなのに、現実には金銭欲にまみれ、また守るべき女犯戒《にょぼんかい》を破って生臭であったりした。そうした坊さんにかぎって、やたら錦《にしき》の立派な袈裟を着たがる。袈裟が立派であればあるほど、憎さは募った。

怠け者の節供《せっく》働き

※『譬喩尽』

農村では節供は仕事休みの日だった。ところが、ふだんは怠けていて働かない者に限って、みんなが休んでいる日にわざと忙しそうに働く。そうした目ざわりな人を非難ないし嘲笑することわざである。現代でも休日出勤や出張だと、やたら張り切る社員がいる。

節供は年中行事の中でもとくに重要で、神を迎え、供え物をして祭る日であった。江戸幕府はとくに大事な節目として「五節供」を式日と定め、祭りを行なわせた。五節供は人日《じんじつ》（一月七日）、上巳《じょうし》（三月三日）、端午《たんご》（五月五日）、七夕《たなばた》（七月七日）、重陽《ちょうよう》（九月九日）の五日である。節供に限らず、たいていの年中行事は武士・町人・農民によって、それぞれ違うやり方があった。

このことわざは農村の節供で、村中がいっせいに休みをとって祭りを行なった。田植えなどの農作業や家の補修などの共同作業、冠婚葬祭での互助が欠かせない村の暮らしでは、「休み日」である節供には身を慎んで、みんなが同時に休んだ。「節供働き」は村の規律を乱す行為で、かつては村八分の制裁をうけかねなかったが、このことわざが生まれたのは休みが個人化しつつあって、周囲から非難される程度ですんだのである。

身《み》から出た錆《さび》

※浮世草子『梅若丸一代記』

この「身」は日本刀の刀身のことで、刀そのものから生じた錆が刀全体を腐らせることをいう。その「身」を人の「身」に転じて、自分の犯した悪い行ないのために自分自身が苦しむことを意味している。錆を取るには砥石《といし》で研がなければならないが、人の「身から出た錆は研ぐに砥がない」、つまり救いようがないという教訓だった。

このことわざは刀が例になっているので、もっぱら武士に通用していた教訓かというと、そんなことはない。庶民も鉄がさびることは他の鉄製品からよく知っていただけでなく、刀自体もふだん携行しないが、多くの者が家には所有していた。もっとも大刀ではなく脇《わき》差《ざし》である。

町人は脇差をさして昼間から町中を歩くことはなかったが、夜間は護身用に携行することはよくあり、また旅に出るときは道中差しは必需品だった。幕府は一七一二年（正徳《しょうとく》二）に脇差の寸法を一尺八寸（約五十四センチ）以下と定めていて、町人は旅行や火事のとき、また婚礼・葬式のときには当たり前のように携帯した。「身から出た錆」は町人にも具体的なたとえであったのである。

※俳書『世話尽《せわづくし》』

兄弟は他人の始まり

「兄弟」については、相反することわざがいくつもある。このことわざと対照的なのは「兄弟は両の手」があり、また「兄弟は一世《いっせい》」のように現世だけの関係であると説くのに対して、「兄弟は後生《ごしょう》までの契《ちぎ》り」と、来世までつづく関係ともいわれる。

兄弟姉妹は同じ親の庇護のもとに育って、やがて成人すれば、それぞれ新しい伴侶を得て家庭・家族をもち、兄弟間は少しずつ疎遠になっていくのは一般に見られることである。お互い遠方に住めば行き来も間遠になり、「遠くの親類より近くの他人」ということになる。これはこれで健康的な関係である。核家族化が進んだ現代ほどではないが、江戸時代でも中期以後はこの傾向は進んだ。

しかし江戸前期は縁座《えんざ》制が行なわれていて、家族が重罪を犯せば父母・兄弟・子・甥《おい》・父方の伯父・従兄弟《いとこ》までが「他人」ではなく処罰が及んだ。一六九〇年（元禄三）、奉公先の娘を殺した源三郎は磔《はりつけ》、兄弟はいなかったが、いれば父親・父方の伯父・従弟と同じ遠島《えんとう》（島流し）になった。縁座制は一七四二年（寛保二）の『御定書百箇条《おさだめがきひゃっかじょう》』で庶民には廃止されたが、武士には残され、「兄弟は他人の始まり」ではすまなかった。

※軍記物語『義経記《ぎけいき》』

親の心子知らず

親が子を深く思っているのも知らずに、子は勝手気ままなことをするということ。逆に「子の心親知らず」ということわざもある。ともに軽い意味合いで使われることが多いが、親と子の対立が最悪の事態にまで進むと、江戸時代には「勘当《かんどう》」という法的手続きがとられた。正式な勘当は親・町名主・家主・五人組が捺印した勘当の願書を、全員同道して町奉行所に届け出る。認められれば、息子は「人別帳《にんべつちょう》」から外されて無宿者になる。ここまでやるのはよほどの事情がある。子が犯罪を犯しそうで、累《るい》が及ぶのを断つためが多い。

もっと一般的な勘当は、若旦那が家業をかえりみずに家の金を持ち出し、遊所の女に夢中になっている場合で、怒った親父が勘当を言い渡す。父親は町奉行所へ届けないが、親類中に勘当した旨の回状をまわし、息子への糧道を断った。さらに穏便な勘当は、親は息子を女から遠ざければよいと考え、江戸から一時的に他国へ住まわせた。「罪あって息子銚子《ちょうし》の月を見る」「左遷の身だと銚子でまだしゃれる」と、川柳では勘当された若旦那の行く先は下総《しもうさ》（千葉県）銚子と決まっている。女の場合は下総幕張《まくはり》である。「勘当も初手《しょて》は手代《てだい》に送られる」と、親が手代を付き添わせるようでは、勘当の効き目はなかった。

騙《だま》すに手なし

※①浄瑠璃『彦山権現誓助剣《ひこさんごんげんちかいのすけだち》』　②人情本『所縁の藤浪』

二通りの意味がある。①相手がだますつもりで策を練って近づいてきたら、いくら用心しても防ぎきれない。②もはや相手をだますしか、他によい方法がない。

人をだましたり、人にだまされたりは日常茶飯にあったようで、このことわざ以外にも「騙す騙すで騙される」「誑《たら》しが誑しに誑される」「化かす化かすで化かされる」のように、人をだまそうとすればだまされるという応報を説く言葉が多い。

江戸時代は小さな地域社会で成り立っていて、みんなの名前も顔もわかっている。そんな狭い人間関係の中で人をだませば、その後は暮らしづらくなるのにだます。一度だませば、だましつづけて生きていかなければならなくなる。当時の芝居を観ると、「騙し」が筋の核心になっているものが多い。『曾根崎心中《そねざきしんじゆう》』の平野屋徳兵衛は遊び人の九平次に銀二貫目をだまし取られるが、九平次は②の好例で人をだまして食っていくしかない男である。徳兵衛は①の好例でカモになっている。

現代は相手の名前も顔も見えない時代で、江戸時代よりはるかに「騙すに手なし」である。玄関のドアを開けるとき、ケータイのメールを見るとき、このことわざを思いたい。

人の噂《うわさ》も七十《しちじゅう》五《ご》日《にち》

※『譬喩尽《たとえづくし》』

何かうわさの種になることがあっても、まわりの人たちがうわさするのはほんの一時のことであるということ。「七十五日」はさほど長くない期間をいうが、当事者にとっては短く思えないかもしれない。同じ意味で「世の取り沙汰も七十五日」「善きも悪しきも七十五日」「人の上は百日」ということわざもある。「噂」には良いうわさも、悪いうわさもあるが、このことわざでは後者である。

人に関する「噂」は、当人がその場にいないときに一応事実として話されるが、真偽が確定されないまま、興味がもたれる間は生きつづける。七十五日もたてば、新しいうわさに取って代わられる。男なら髪結床《かみゆいどこ》、女なら長屋の井戸端、銭湯は男女の別なく身近な事件や知識を得る情報源であったが、同時にうわさの発生源でもあった。

ところで「七十五日」はことわざによくある日数である。「嫁と姑も七十五日」「七十五日は金の手洗い」は嫁や婿が婚家に入って大事にされる任意な日数であるが、出産後七十五日間は性交渉を断てという「産《さん》の穢《けが》れは七十五日」は何か根拠があるようで、川柳《せんりゅう》の格好のテーマになっている。「初物七十五日」（34ページ）はよく知られる。

元《もと》の木阿弥《もくあみ》

一時はよい状態になったのに、努力や苦労のかいもなく、再びもとの状態にもどること。

※諸書

この語源についてはいくつもあり、どれもおもしろい。

①男が急に仏道にめざめて妻を離縁し、山に入って五穀を断つ木食行《もくじきぎょう》に専心して、人々から木阿弥と崇《あが》められた。ところが年老いると元の妻が恋しくなり、山を下りて一緒に暮らした。人々はあざけって「元の木阿弥」とよんだ。（『七人比丘尼《びくに》』ほか）

②大和《やまと》郡山《こおりやま》城主筒井順昭は病死の前、嫡男《ちゃくなん》順慶が幼少（二歳）ゆえ側近に声が自分にそっくりな盲人木阿弥を召し出し、身代わりに病床につかせて、自分が存命なように見せかけよと遺言した。このため敵は攻められなかった。順慶が長じると順昭の死を明らかにし、木阿弥は城から追い出されて、「元の木阿弥」にもどった。（『天正記』『諺草《ことわざぐさ》』）

ほかにも二、三の説がある。②の筒井順慶は「洞ヶ峠《ほらがとうげ》を決め込む」ということわざの主人公でもある。本能寺の変後、明智光秀と豊臣秀吉の天下分け目の「天王山」を、対岸の洞ヶ峠から観望し、優勢なほうへつこうとしたという悪評である。実際には順慶は秀吉軍に備えて郡山籠城《ろうじょう》の態勢をとっていた。逸話がくっつくユニークな人物だった。

枯れ木も山の賑《にぎ》わい

※辞書『諺苑』

江戸時代の子供は寺子屋で「山高きが故に貴《たつと》からず、樹《き》有るを以《もつ》て貴しと為す」（『実《じつ》語《ご》教《きよう》』）という言葉を習った。山の価値は高さにあるのではなく、樹木が生い茂っているところにあるということで、当時の山の価値観を決定づけている。

ところが草木の生えていない禿山《はげやま》もある。そんなところでは枯れ木でも、ないよりはマシであるというのがこのことわざである。転じて、つまらないものでもないよりはマシだという意味になる。

そして実際に使われるときには、たいてい山や樹木の話ではなく、「枯れ木」は年老いた人のたとえになる。同じように「枯れ木に花」ということわざがあるが、これも衰えたもの（老人）が再び勢いをとりもどすという意味で使われる。

したがって「枯れ木も山の賑わい」というのは当人が謙遜して使うぶんにはかまわないが、人に対しては使えない。結婚披露宴の招待状に「枯れ木も山の賑わいですので、ぜひともご出席願います」と書いてあったという話がある。謙遜して当人しか使えない言葉には「犬馬《けんば》の労」「馬齢《ばれい》を重ねる」などもある。

蛙《かえる》の子は蛙

※浄瑠璃『仮名手本忠臣蔵《かなでほんちゅうしんぐら》』

オタマジャクシは蛙には見えないが、やがて脚が生え、手が出て、尾が取れ、親にそっくりになる。幼いときは親とは別ものに見えても、大きくなれば親と同じだ。平凡な親からは平凡な子が生まれるという意味。

親と子が似ていることについては、いろいろと微妙なことわざがある。「形は産めども心は産まぬ」は顔や姿は似ていても、性格は別であるという意味だが、後天的なものとされる性格や考え方もふつう似てくる。「親に似ぬ子は鬼っ子」と言われる。

このことわざと同じニュアンスなのが「親が親なら子も子」で、「親があんなだから、子もやっぱりね」と、親子の評判がよくないケースである。これと似た表現だが、意味は逆なのが「この親にしてこの子あり」で、「さすがにあの親の子だ」という意味合いで使われる。これらは良い悪いの違いがあるが、いずれも親子は似ている。ところが「鳶《とび》が鷹《たか》を産む」は平凡な親から人並み優れた子が生まれること。こうしたことわざはいずれも親子という絆・血縁を絶対視したところから生まれた。「親は親、子は子」と「個人格」を説いたのは江戸時代から遠い鎌倉前期の僧で歴史家の慈円《じえん》である。

案ずるより産むが易し

※狂言『悪太郎《あくたろう》』

出産は女性にとって身を生死の境におく一大事であった。当の女性や夫、一家の者にとって、子が生まれるまではさまざまな不安がつきまとう。しかし多くの場合、産みの苦しみは大きいけれど、無事に出産する。みんなの不安は一気に喜びに変わる。そして大変だった出産は過去のことになる。このことわざは出産後の感想として記憶され、のちには忠告や励ましに使われる。

出産はかつて赤子が産神《うぶがみ》の意志によって霊界から人間界へ移ることと信じられ、その産神の介添え役が産婆だった。産婆は医療行為にとどまらず、宗教的・呪術的な役割も担っていた。出産が完結するのは生まれて七日目のお七夜《しちや》で、赤子はこの世への移りが定まったとして命名（名びらき）があり、この日に産屋《うぶや》明け（出産の忌み明け）が行なわれた。この後は出産儀礼から育児儀礼へと移る。

現在では、このことわざは出産に限らず、さまざまな問題で行き詰まった状況のときに使われる。このことわざから派生した「案じるより念じろ」「案じるより団子汁」という言葉もある。全体として事態を楽観的にとらえている点で共通している。

※浮世草子『世間胸算用《せけんむねさんよう》』

親はなくとも子は育つ

江戸時代、乳幼児の死亡率は高かったが、親の若死も多かった。乳児を残して親が亡くなる原因は病気のほか地震や火事のような災害もあった。このことわざは、親が死んでも、残された子は成長していくものだ。この世には人の情けがあるという意味である。ここにいう「親」は今は父親をも含んで使われるが、本来は母親をさしている。

粉ミルクのない時代に乳飲《ちの》み子を残された父親は途方に暮れるばかりである。乳母《うば》を雇えれば問題ないが、長屋住まいの男にはそんな金はない。こうしたとき長屋のおかみさんが、乳の出る女性を見つけてくれて、乳貰《ちもら》いができるように頼んでくれた。

乳幼児を育む助け合いの輪が顕著なのは、両親が亡くなってしまった孤児の場合である。火事などの災害によったり、捨て子などでも発生した。親類がいれば遠縁でも頼りにしたが、まったく身寄りがない場合には、その子を最初に発見、保護した町内で育てることに定まっており、町名主や地主たちが養育費を負担した。養子にもらわれることもある。江戸時代には親のない乳幼児を助けるこうした町の体制ができていたが、このことわざはそれを含めて広く孤児を助け合う人情を言ったものである。

惣領《そうりょう》の甚六《じんろく》

※滑稽本『浮世床《うきよどこ》』

「総領」とは最初に生まれた子で、長女も含まれていたが、ふつう長男をいう。しかし最近は使われなくなった。この「惣領の甚六」のせいもあるだろう。本来は鎌倉時代以来、一族の総領地を相続する資格をもった嫡男をいう。このことわざは、一族の長となる子であるため大事に育てられ、弟や妹に比べると、おっとりしているという意味。

江戸時代の封建社会では家を継ぐのは惣領男子というのが基本であったが、現実にはいろいろないざこざが絶えず起きている。最もありふれているのは、子のない正妻が納得して側室を迎え、めでたく長男が生まれたその後で、次男が正妻から生まれた場合で、正妻勢力が次男を継承者にしようとして、しばしば御家騒動に発展した。

現に江戸初期に京都所司代《しょしだい》が「妾腹《めかけばら》の子は嫡子であっても末子《ばっし》とし、正妻の長子を相続者とする」（『板倉氏新式目』）と定めていた。これは京都で施行された幕府の法律だが、一般には正妻・側室を問わず最初に生まれた男子が惣領である。父親（家長）の相続人指定権は強大で、長男も次男も軟弱として、下の妹に眼鏡にかなった婿をとった例もある。継がせる家名や領地を持っていると、父親は堂々とするようだ。

一姫《いちひめ》二太郎《にたろう》

子供は最初が女の子、次が男の子がよいということ。このことわざは、それほど古いものではないようだ。

家督相続については、明治時代も江戸時代と同様に年長男子による単独相続だったので、家の継承という点からは、早く男子を得たいというのが一般のありようであった。とくに江戸時代の武家の場合には、御家が安泰か断絶かがかかっていた。「一姫二太郎」といわれたのには、二つの解釈がある。

一つは、最初は育てやすい女の子を生んで育児の仕方に習熟し、次に大事な跡取りの男子を育てるのがよいという考えである。その間には長女は大きくなって、家事や育児で母を手助けしてくれる。実際に男子よりも女子のほうが育てやすいのか、わたしにはわからないが、女子や次男以下のほうが育児のストレスは軽いだろう。もう一つは、男児の出生が期待されている中で女児を出産した産婦や家長への慰めの言葉にもなった。

最近このことわざを、子供は女子が一人、男子が二人がよいという意味に誤解している人がいる。それを言うなら「後先息子に中《なか》娘」である。

負《お》わず借《か》らずに子三人

※浄瑠璃『菅原伝授手習鑑《すがわらでんじゅてならいかがみ》』

子供は何人がよいかは、いつの時代でも関心をよぶ問題である。内閣府が二〇〇二年末に行なった調査では、結婚して五年未満の夫婦が答えた「理想の子供の数」は最も多いのが三人（四五％）で、ついで二人（三九％）であった。ところが実際に養育できる数は何人かをたずねると、二人（四六％）が最も多く、ついで三人（二七％）であった。しかし現実に合計特殊出生率（女性が一生の間に子を生む平均数）は一・三二で、理想と現実は隔絶し、「少子化」は年毎にすすんでいる。

このことわざは、金銭の貸し借りがなく、子供が三人いるという意味。江戸時代の庶民が思い描いていた幸福な家庭像である。他にも「余らず過ぎず子三人」「三人子持ちは笑うて暮らす」など、三人をよしとすることわざは多い。その背景には「死なぬ子三人皆孝行」といわれるほど、乳幼児期の死亡が多く、成人に至るまでの存命率が低かったことが大きい。三人というのは病気や事故で亡くなっても跡取りが確保される数なのである。

じつは「死なぬものなら子一人、減らぬものなら金《かね》百両」という本音のようなことわざもあり、子供の数は江戸時代から理想と現実との間で揺れ動いていた。

※仮名草子『東海道名所記』

可愛い子には旅をさせよ

江戸初期の『東海道名所記』に「いとおしき子には旅をさせよといふ事あり。万事思ひしるものは旅にまさることなし」とある。この本が書かれた万治年間（一六五八～六一）には東海道でさえ食事付きの旅籠《はたご》がなく、米を背負って旅をして木賃宿《きちんやど》で薪を買って炊かなければならなかったのである。

交通手段も宿泊施設も整っていなくて、旅に苦労がつきものだったころのことわざで、わが子を愛するのなら手元に置いて甘やかさず、世の中の苦しみやつらさを体験させるために旅に出せ、それが親として本当の愛情だという意味。

しかし、このことわざはたとえであって、江戸時代に十代の子を旅に出したら、無事に帰ってくるのはむずかしい。街道には追剥《おいはぎ》や護摩《ごま》の灰・スリだけでなく、親や奉公先の主人に無断で伊勢神宮に抜け参りして浮浪化した少年たちも待ちかまえていて、一人旅をしていれば仲間に引き込まれた。同じ意味のことわざは「可愛い子は打って育てよ」「可愛い子には灸《きゅう》をすえよ」などいくつもあるが、これらは当たり前すぎて、ことわざとしての生命力はこの「可愛い子には旅をさせよ」にかなわなかった。

娘三人持てば身代潰《しんだいつぶ》す

※『譬喩尽』

わが子の数については「一姫二太郎」とか「負わず借らずに子三人」など、広く三人がよいと考えられていた。しかし三人がみな女子となると、この「娘三人持てば身代潰す」といわれた。

ある程度の家に娘を嫁がせるには、嫁入りのとき幾棹《いくさお》かの箪笥《たんす》・長持《ながもち》に着物・道具・調度・寝具類をそろえて持たせなければならない。さらに婚家で優位な立場を確保・維持し、離縁されなくするためには五十両とか百両とまとまった持参金も持たせる。これを三人の娘にすれば、相当の資産を持っていても、あらかたなくなってしまう。これは心がけのよい父親のケースである。

一方、これとは逆に「娘三人持てば一《ひと》身代」「娘三人持てば左団扇《ひだりうちわ》」ということわざもある。前者は養蚕の盛んな所で言われたことわざで、働き手が三人も確保できて、現金収入が大幅に増えるという意味。後者はいかにも江戸時代なのだが、三人の娘をみな妾奉公《めかけぼうこう》に出してしまう。その給金を父親がふところに入れて、左団扇で暮らしている。親がこういう料簡なら、娘は何人いても困るどころか、御《おん》の字である。

男の子は父に付く

※歌舞伎『出来穐月《いでそよづき》花雪聚《はなのゆきむら》』

このことわざは夫婦が離婚するとき、男の子は父親が、女の子は母親が引き取って養育するということ。「男の子は父に従い、女の子は母に従う」ともいう。武家と上層の商家では離縁のとき、子をどちらが取るかが争われたのである。

最初に子供の帰属が法律で定められたのは鎌倉幕府の『御成敗式目《ごせいばいしきもく》』で、さらに戦国大名の家法で明確にされた。武家が召し抱える奉公人は主人の占有物も同然であったが、別々の主人に仕える男女間に生まれた子は、どちらの主人のものとなるかが問題となった。駿河《するが》の今川氏の『今川仮名目録《かなもくろく》』では、子が実際に養育されたほうの主人に帰属するとされた。しかし乳児期には母と一緒だが、育ってくると父の仕える屋敷に出入りし、ややこしくなってくる。一方、陸奥《むつ》の伊達《だて》氏の『塵芥集《じんかいしゅう》』では、このことわざへとつながる考え方で、男の子は父側の主人に、女の子は母側の主人に帰属させた。

江戸時代には後者が慣行化していたようで、一八六八年（明治一）の『全国民事慣例類集』には「離縁のとき夫婦間に生まれし子女あれば、男子は夫に付し、女子は婦に付して養育するの義務あること一般の通例なり」とあるのは、江戸時代のことを言っている。

秋茄子《あきなす》嫁に食わすな

※俳書『毛吹草』

ナスはうまいけれど、今は格別に珍重される食べ物ではない。しかし江戸時代にはカツオ・サケ・マツタケとともに「初物四天王」にかぞえられた。また秋の末に収穫される秋ナスは、種が少なくてよくしまって美味であり、「終わり初物」の代表格であった。そのうまい秋ナスを嫁に食べさせるのはもったいない、という姑《しゅうとめ》の嫁いじめのことわざ。

これについては江戸時代からまったく反対の理解がある。秋ナスを食べると体が冷えて毒だから、かわいい嫁には食べさせるなという解釈である。しかし「秋鯖《あきさば》は嫁に食わすな」や「五月蕨《ごがつわらび》は嫁に食わせるな」、また「鯒《こち》の頭は嫁に食わせ」と骨ばかりのコチの頭を嫁に出したり、「秋山へ嫁をやるな」と木の実やキノコが豊富な秋の山には嫁を行かせるなどということわざから考えると、この秋ナスも嫁いじめと考えるのが妥当である。

ことわざでは「姑と嫁と仲の良いのは物怪《もつけ》の内」といわれるように、姑と嫁は天敵関係におかれた。江戸時代に主流となった嫁入り婚では、「嫁」が仕えるのは「夫」である前に「家」であり、家長夫婦つまり「舅《しゅうと》・姑」であった。舅・姑がたいした罪悪感を抱かずに嫁に対する仕打ちをはたしたのが、このことわざである。

※浄瑠璃『心中二つ腹帯《はらおび》』

老いては子に従え

年を取ったら何事も子に任せ、子の言うとおりに従うのがよいという意味で、もとは『般若経《はんにやきよう》』の注釈書『大智度論《だいちどろん》』で、女性の「三従」の一つとして老母の生き方をさとした言葉である。娘のときは親に従え、嫁《か》しては夫に従え、老いては子に従えという、永く日本の女性を縛りつけていた考えである。

しかし江戸時代には老いたならば男女の別なく、このことわざは用いられた。当時は「老後」を「老入《おいれ》」といい、だれもが「よい老入」を願っていた。式亭三馬《しきていさんば》の『浮世風呂』に、こんな会話がある。死亡して葬式が翌日に行なわれる傘屋の六郎兵衛について、

「六郎兵衛さんはよい老入だったな。息子たちは粒ぞろいで、みんな立派に育ったし、娘たちもそれぞれよいところへ片づいて、孫も五、六人いる。今往生すれば思い残すことはないさ。あの人は若いうちは苦労したから、老いて楽をした」

と話している。子育てをしっかりとし、息子はちゃんと自立し、娘は嫁いでいる。かわいい孫もいる。外見上のことばかりではあるが、理想的な老後が語られ、そうした幸福は若いときに苦労したから得られるものだと、当の老人が考えている。

第六章　江戸の色恋その始末

——江戸の男と女

東《あずまおとこ》男に京女《きょうおんな》

※川柳集『雲鼓《うんこ》評万句合《ひょうまんくあわせ》』

出身地によるカップルの相性を説いたことわざはたくさんある。「筑前男に筑後女」「越前男に加賀女」「越後女に上州男」「南部男に津軽女」などはみな隣国同士である。もっと狭い地域に限定した「竜野女に姫路男」「津島女に宮男」（宮は名古屋市内）というのもある。実際に身近に婚姻関係が見られたところから生まれたものだろう。

しかし「東男に京女」ということわざは、結婚相手として相性のよいのを言ったものではない。出典は「初舞台あづま男に京女」という川柳《せんりゅう》である。江戸歌舞伎では長い間、女形は上方下《かみがたくだ》りでなければサマにならないとされていたが、上方から女形が来演することは少なかった。ところがたまたま、そうした配役の舞台を観る機会に恵まれ、感銘して口をついて出たのが、この川柳である。江戸歌舞伎において理想的な取り合わせで、それが転じて一般の男女の取り合わせとしても理想的とされた。

現実に江戸の男が京女と接する機会は島原や祇園《ぎおん》などの遊女に限られ、京の「常の女」（ふつうの娘）と結婚する可能性はほとんどなかった。そのぶん京女への憧れは江戸では絶大で、芝居を離れて似合いのカップルを表わす言葉として、とくに江戸で言われた。

痘《あば》痕《た》も靨《えくぼ》

※人情本『廓《くるわ》の花笠《はながさ》』

惚れてしまうと、欠点も美点に見える。人にはそうした心の働きがあるので、恋愛や結婚もうまくいくといえる。同じ意味で「惚れた欲目」ともいい、また好きになると、その人の家の屋根にとまっているカラスまで好きになる「屋烏《おくう》の愛」という惚れようもある。

アバタは疱瘡《ほうそう》（天然痘）の治癒後に皮膚に残る瘢痕《はんこん》で、症状によって大小や数が違った。今は天然痘そのものが絶滅したとされるが、江戸時代には「麻疹《はしか》は命定め、疱瘡は見目《みめ》定め」といわれ、ほとんどの人が十歳前後までに通過する病気の二大関門であった。「見目定め」とあるように、アバタがとくに問題になったのは女子である。

井原西鶴《さいかく》は『世間胸算用《せけんむねさんよう》』で、娘ならば疱瘡後に器量を見きわめ、人並みならば三歳ぐらいから嫁入り衣装を買いそろえはじめるだけでいいが、アバタがたくさん残ったなら、ただでは嫁げないから持参金を用意しなければならないと説いている。家業のほかに金貸しをするのがいちばんよいと、大きなお世話を言っている。

これは町人の中でも仲人が介在する上層の町人の結婚話である。「仲人は痘痕の数まで数えてくる」ということわざがあるが、持参金の額を算定するためである。

※浄瑠璃『奥州安達原《おうしゅうあだちがはら》』

恋に上下の隔《へだ》てなし

江戸時代にはあらゆることに「上下の隔て」があった。恋愛や結婚は最たるものといえる。それなのに「恋に上下の隔てなし」と唱えたところに、このことわざの命がある。ただし本来の意味は、恋愛感情においては身分の高い者も低い者も違いがないということだった。それがのちに恋愛において身分の高い者と低い者とを隔てるものはないという意味でも使われた。「上下の隔て」は今なら身分だけでなく年齢も考えられる。

井原西鶴《さいかく》の『西鶴諸国ばなし』に、最下級の武家奉公人（小者《こもの》）が主人である大名の姫君を恋い慕う話がある。この恋慕の構図は昔からあるパターンだが、西鶴の話では姫君は小者に「連れて逃げて」と駆け落ちをし長屋暮らしをする。やがて大名家の追っ手に捕らわれ、小者は処刑され、姫君も不義を理由に父親から自害を命じられる。それに抗議して、「人と生まれて、女が一人の男を愛するのは自然のこと。男が下賤の身であっても、それは縁であり不義ではない」と自害を拒絶し、男を弔うために尼となる。

こんな話が書かれ、またこのことわざが説得力をもった背景には、それだけ当時の恋愛にはどうしようもなく「上下の隔て」がからみついてきたことによる。

虻蜂《あぶはち》取らず

※人情本『花の志満台《しまだい》』

　本来は「虻も取らず蜂も取らず」であるが、この簡略形でよく使われる。二つのものを手に入れようと欲張って、両方を失ってしまう。「二兎《にと》追う者は一兎をも得ず」も同じ結末である。反対に狙いは一つだったのに「一石二鳥」「一挙両得」ということもある。

　この「虻蜂取らず」については、蜘蛛《くも》の話として説明されている。張っていた巣に虻がかかったので、蜘蛛は糸を出して虻に巻きつけている。すると幸運にも蜂も引っ掛かる。蜘蛛は虻を途中にして蜂の封じ込めにかかる。ところが虻が糸を破って飛び立ちそうになる。蜘蛛はあわてて虻にもどるが逃げられてしまう。すぐに蜂にとって返すが一瞬間に合わず、蜂も飛び立ってしまう。

　こういうことは人間関係の中でもよく起こる。江戸時代の用例では、遊女が本命の男とスペアの男をそろって取り逃がす話であるが、イメージからいうと蜘蛛は男、虻は気のいい女、蜂は美人である。蜘蛛は虻と蜂の両方をモノにしようと立ち回っているが、その魂胆を蜂に見透かされ、蜂に言い寄った途端に「何よ二股かけて！」と拒絶される。それどころか「虻も取らず蜂に刺される」という結末になる。当然の報いといってよい。

濡《ぬ》れぬ先こそ露《つゆ》をも厭《いと》え

※『やぶにまぐわ』

濡れる前は少しの露がかかるのも避けていたが、一度濡れてしまったら、もうどんなに濡れようとかまわないということ。過ちを犯す前は非常に慎重だったのに、いったん過ちを犯すと、どうにでもなれと開き直るという意味である。

「濡れ場」とか「濡れ事」のように「濡れる」は男女の性的関係を意味し、このことわざの過ちもとくに男女間の密通（不倫）を言っている。「一度はままよ、二度はよし」ということわざも、一度目のときは良心がとがめるが、二度目からは進んでするという意味で、悪事一般もさしているが、不倫がぴったりする。

現代の不倫は「刑法」で処罰されることはないが、江戸時代の密通は重罪で、人妻と密通すれば男も女も死罪（斬首）であった。だから密通が行なわれなかったかというと、そんなことはなく、密通は大はやりだった。密通が明らかとなっても、夫の多くは町奉行所へ訴えないで、示談で解決されたのである。その示談金の相場が七両二分（のち五両）であった。「太い奴金はないから首をとれ」と、間男に開き直られて困っている亭主もいる。上野不忍池《しのばずのいけ》畔には密会用の出合茶屋が軒を並べ、ひっそりと繁盛していた。

残り物に福がある

最後に残ったものや余ったものに、思いもかけないよいものがあるということ。「余り物に福がある」「余り茶に福がある」ともいう。

一般に「早いが勝ち」とか「早い者勝ち」、また「先んずれば人を制す」といわれる。一見して良いか悪いかが単純にわかるものなら、先に選んだほうが有利である。また良いか悪いかがわからない場合でも、人よりも先に多くの選択肢の中から選んだほうが、良いものを選べて得だといえる。そのため終わり近くになって選ぶ人に慰めの言葉として言われるのが、この「残り物に福がある」とか「余り物に福がある」である。最後に選ぶ人も、この言葉で救われた気持ちになれるのである。

ところで「残り物」が物品とかくじ引きのようなものなら差し支えがないのだが、このことわざは「余り物に福があるというなら、不肖ながらもらってくだされ」(『傾城歌三味線《けいせいうたじゃみせん》』)というように結婚話に使われた。現実に「選んで粕《かす》をつかむ」のように選り好みしすぎて失敗することはよくあり、「残り物に福がある」というのは一面で正しかったのだが、これは結果論でしか判断できないのである。

一《いち》押《お》し二《に》金《かね》三《さん》男《おとこ》

好きな女を獲得するには何が決め手になるか。男はそれぞれに自分の魅力をアピールするポイントがあるだろうが、江戸時代から言われていたのが、第一に押しの強さ、第二に金の力、男前であるのはさほど重要ではないというのが、このことわざである。「一押し二金三姿」、さらに「一押し二金三姿四程五芸」ともいうが、そんなに手持ちがあれば苦労はしない。

これらの資質は当の女性が明かしたものというより、男が思い描いた結論だろう。現実には「一押し」というのを真に受けた男の攻めにあって迷惑した女は多いと思う。これが吉原の遊女の言い分となると、「一金二男」と明快である。

ところで、「色男」は男からも女からも評判がよくない。男からは「色男金と力はなかりけり」とばかにされ、女からは「色男より稼ぎ男」とそっけなくされる。しかし色男が本当にモテていないかというと、「色男裸になればあざだらけ」という例もあった。町内の娘、隣町の年増、川向こうの後家など、人目につかないところで「憎らしいっ」とつねられているのである。色男は他人に知れない特有の行動様式がある。

男心と秋の空

※人情本『恋の若竹』

男の女への愛情は秋の空のように変わりやすいという、男の移り気に対する女の恨みとあきらめが込められている。江戸時代以前からある言葉であるが、対照的な「女心と秋の空」ということわざも江戸時代半ばにはあり、男と女ともにいい勝負である。

もっとも、江戸時代には男心が変わるのは自然なこと、甲斐性があることとされたのに対して、社会的に男の風下に立たされていた女性は、男への愛情をくるくると変えることは非難された。心変わりが大目に見られたのは小娘や娘、それに吉原の遊女である。前者については「女の心は猫の目」といわれ、これは男に限らず気持ちがくるくる変わることである。後者については「女郎《じょろう》の心と秋の空」と、男は最初から覚悟のうえである。

愛する相手の心変わりはふつう激しい憎悪や怒りを呼び起こすものだが、このことわざではまったく意外な「秋の空」と結びつけたことにより、深刻な事態ではなくなっている。「秋の空」は天候の変わりやすさよりも、清澄な青空を真っ先にイメージさせる。人気のあることわざで、最近は見出しのことわざよりも「女心は秋の空」のほうが広く通用している。恋愛では女が主導的であったのに加えて、時代的な変化だろう。

※川柳集『誹風柳多留《はいふうやなぎだる》』

蓼《たで》食う虫も好き好き

タデにはいろいろな種類がある。このことわざのタデは辛みの強いところからヤナギタデらしい。驚くほど辛く、人は葉を香辛料として口にする程度だが、この葉を好んで食べる虫がいるという。その虫を人に転位して、好き嫌いはそれぞれあり、だれもがいやがるようなものが大好きな人もいるということ。

日本人の作ったことわざに思えるが、中国・三国時代の魏《ぎ》の文人王粲《おうさん》に「蓼虫《りょうちゅう》辛きことを知らず」とあり、「氷蚕《ひょうさん》寒を知らず、火鼠《かそ》熱を知らず、蓼虫苦きを知らず」（『鶴林玉露』）などの成句もある。人間の一面のたとえとして早くから日本でも用いられた。

内容は「如何物《いかもの》食い」「悪食《あくじき》」であるが、このことわざは江戸時代からもっぱら男女関係で使われた。美人の女房がありながら、顔も体もアンバランスな女が好みで、しかも風呂に長いこと入っていなくて饐《す》えた臭いを発している女性が好みという男がいる。江戸にも吉原の花魁《おいらん》を相手にできる金を持ちながら、底辺の街娼である夜鷹《よたか》が好みという男はよくいた。逆に女の側から「何であんな男を」というケースは枚挙にいとまがないが、それこそ「好き好き」であって、他人が口をはさむことではない。

鬼も十八、番茶《ばんちゃ》も出花《でばな》

※俳書『毛吹草《けふきぐさ》』

江戸時代の女性の年齢については、次のようなモノサシがある。境界は明確ではないが、だいたいの見当として十三、四歳以下を「小娘」、十五歳から十八歳ぐらいを「娘ざかり」とよぶ。「年増《としま》」は二十歳から四十歳ぐらいと幅があるが、このうち二十八、九歳までを「中年増《ちゅう》」、三十歳以上を「大年増」といった。また「年増ざかり」とよぶこともあり、これは二十四、五歳から三十四、五歳見当である。「人間五十年」といわれる寿命観のときの区分であり、この区分は女性の容姿・様子によって上下に大きくくずれる。

江戸時代には武家・商家ともに跡取りを確保するため結婚年齢が早く、元禄期で男は十六、七歳、女は十三、四歳と説かれていた。さすがにこれでは親が幼すぎて子育てができないと、『女重宝記大成《おんなちようほうき》』（一六九二年刊）は早婚を批判している。江戸後期には結婚適齢が男は二十五、六歳に、女は十六、七歳と上がっている。「十八歳」は当時の女性にとっては結婚適齢期の最終コーナーであった。ことわざの「番茶」は二番茶以後の硬い葉で作った品質の劣る煎茶だが、それでも淹《い》れたては香りがよくておいしい。そこから、どんな女子も年頃にはそれ相応にきれいに見えるということ。ほめ言葉ではない。

※辞書『諺苑《げんえん》』

娘一人に婿八人

一人の娘に婿になりたい男が八人もいること。転じて、あることに希望者が殺到すること。「一人娘に婿八人」ともいう。また婿の数については「婿二人」「婿三人」とすることわざもある。婿の候補が八人いても、娘にとっては半数以上は論外だっただろう。

江戸についてみると、城下町造成のころはほとんどが男だった。国別の人口調査が初めて行なわれたのが将軍吉宗のときの一七二一年（享保《きようほう》六）で、このときの江戸の町人人口は男が三十二万三千二百八十五人、女は十七万八千百九人であった。男女比はほぼ二対一であるが、女性の相当数が風俗営業に従事していて、結婚してくれる相手ではない。一八三二年（天保三）の調査で、ようやく男女が同数に近づいている。だからといって、やはり結婚可能な娘はずっと少なくて、男は「娘一人に婿八人」という戦いに勝ち抜かなければならなかった。

「色男」ばかりが娘を射止めることができたかというと、そんなことはない。『浮世風呂』で女房が「色男より稼ぎ男」を夫にしろと説いている。女には男を選ぶ余裕があった。色男でも稼ぎ男でもない男にとっては、江戸はつらい都市である。

女は衣装、髪かたち

※浮世草子『好色一代女』

女性の美しさのポイントを言ったことわざで、第一に衣装、次いで髪と容姿であるという。同様のことわざに「一髪二化粧三衣装」があり、こちらは衣装よりも毛髪が重視されている。平安時代以来、艶やかで長い黒髪は女性の美しさのいちばんのポイントで、貴族社会の女性は身の丈《たけ》に少し余るほどの長い髪が理想とされてきた。

さぞかし洗髪が大変だろうが、髪の毛には霊が宿ると信じられていたので、やたらに洗うことはなく、七夕《たなばた》など特別の日に加茂川に出て洗うだけだった。江戸時代の女性はそんなロングではなくなったが、「髪の長きは七難《しちなん》隠す」といわれて長い黒髪は特別視された。

一方、美しさのポイントは「衣装」にあるというのは、金持ちの娘にとっては救いになるのだろうか。奈良の町で豪勢な衣装を着た女性がいた。肌着に綸子《りんず》の白無垢《しろむく》を着け、中着には紫鹿の子、上着は菖蒲《あやめ》色の八丈絹で裏地に紅絹《もみ》が着いている。そして並べ縞の大幅帯を締めている。装身具もそろっている。居合わせた呉服屋の手代がその衣装をざっと見積もったら、仕入れ値で二十三両ぐらいだという。しかし顔は馬っぽくてどこも取り柄がなく、花も香もなくて独り身だと、オチをつけている（『好色一代女』）。

※滑稽本『浮世風呂』

色の白いは七難《しちなん》隠す

女が色白であることは、顔かたちに少々の難点があっても、覆い隠してしまう。同じ形のことわざに「靨《えくぼ》は七難隠す」「髪の長きは七難隠す」というのもある。「七難」は仏教の言葉だが、ここはいろいろな欠点といった意味である。ワンポイントではなしに、外見から総合的に女性の魅力を言ったものには「一髪二化粧三衣装」がある。

江戸時代にはそれまで入手が困難だった白粉《おしろい》や紅・髪油などの化粧品が商品化され、広く普及した。また化粧道具もいろいろ考案されている。さらに江戸後期になると『都風《みやこふう》俗化粧伝《ぞくけわいでん》』や『容顔美艶考《ようがんびえんこう》』などの化粧法・美装法を説いた啓蒙書がベストセラーになり、女性たちが気軽に自分にかなった化粧をするようになった。

たとえば前者の「顔の色を白くする薬方」では、まず顔の色が悪いのはなぜかが説かれ、色白にする一般論の後で、「色を白くして肌に光沢を出したい」「色を白くして肌を若返らせたい」「色を白くして肌をきめ細かくしたい」などの目的ごとの対処法が図解入りで説かれている。米のとぎ汁の沈殿物による美白パックは効果がありそうである。大事なのは化粧だけでなく立ち居振る舞いによっても美しくなることをめざしている点である。

見目《みめ》は果報の基《もとい》

※俳書『毛吹草』

女にとって顔かたちが美しいことは、幸福になれるもとであるという意味。「見目は果報の一つ」ともいい、美人であることは大きな幸運である。たとえば身分や家柄がやかましかった江戸時代の結婚において、縁談がいくつも舞い込んでくれば、数ある選択肢の中から選べる。むろん、その後の幸不幸は必ずしも保証されていないが、美人は十人並みの女性よりも幸福になるチャンスに恵まれているといえる。

当時は「評判娘」とか「看板娘」とよばれる女性があちこちにいた。町内からうわさが立ち、江戸中の評判になる。彼女たちの行く末はほとんどわかっていないが、鈴木春信の浮世絵に描かれた笠森《かさもり》おせんは武家（御庭番《おにわばん》）に嫁ぎ、平安とみえる生涯を終えている。

ところで、このことわざでは女性の美貌が「果報（因果応報）」にもとづくと考えられている。前世の善い行ないによって美しく生まれ、現世で幸福を得られるというのである。こんな考え方をされたら、醜女《しゆうじよ》は救われない。女は「見目より心」（顔かたちより心の美しさが大切）ということわざがあることはあるのだが、「心に連るる姿」（容姿は心と一致する）とも言っている。すべて男が作ったことわざなので醜女にはひどく冷たい。

※浮世草子『好色一代女』

美女は命を断つ斧《おの》

美女の色香は男の寿命をちぢめ、身を滅ぼすということ。『好色一代女』の書き出しである。『一代女』は十歳前後で宮中に仕えてから、六十五歳で惣嫁《そうか》（夜鷹《よたか》）を最後に京都嵯峨《さが》に隠棲するまでの生涯を書いたもの。そこに「元禄美人の条件」が書かれている。「年齢は十五歳から十八歳まで、今流行の少し丸顔で、顔の色はほんのり桜色、目鼻口耳はととのい、目は細くなく、眉は厚く、両眉はくっついておらず、鼻筋は自然なのがいい。口は小さく、歯並はよく、歯は大きくて白く、耳は長めで肉薄で透き通っている。額《ひたい》は自然のままの生え際で、首筋はすっきり伸び、後ろ髪に後れ毛がない。手の指はほっそりとして長く、爪は薄い。足は八文三分に限り、親指は反って扁平ではない。胴はふつうより長めで、腰はきゅっと締まっているが柔らかく、尻は豊かで身のこなしや着こなしがよく、姿に気品がそなわり、気立てはおとなしく、女として身につけるべき芸事にすぐれ、すべて濃《こま》やかで、体のどこにもホクロがない」

多くの美女の中で条件にかなったのは一代女だけで、大名の側室に採用されたが、すぐに大名を腎虚《じんきょ》（房事過多）で命をちぢめたとして解雇されている。

袖《そで》振り合うも多生《たしょう》の縁《えん》

※俳書『毛吹草』

「袖すり合うも多生の縁」ともいい、また「多生」は「他生《たしょう》」とも書かれる。人と道ですれ違いざまに袖が触れ合うのも、偶然ではなくて深い宿縁《しゅくえん》によるものだという意味。仏教では、あらゆる物事は「因縁」によって生起すると説かれ、人とのちょっとした交わりも偶然によるのではなく、前世からの因縁によるとされる。

たとえば平たくいうと、一人旅をしている女性がたまたま車中で同席する男も、前世からの因縁ということになる。こんなことを言われて近づいてこられたら怖い。最近は仏教の考え方は縁遠くなっているので、このことわざも「袖振り合うも多少の縁」と誤って使われることが多い。これならば仏教とは関係なく、単なるナンパである。

男女の結びつきについて、江戸時代には前世からのつながりだとする言葉がある。「惚れたが因果」（惚れて一緒に苦労するのも前世からの定め）、「惚れられたが不祥」（惚れられて苦労するのも前世からの不運）は悪縁であるが、くどき文句ともなった。

なお「袖」には、古代から男女間の親愛の情が宿ると考えられ、「袖振る（別れを惜しむ）」、「袖にする（すげなくする）」「袖をしぼる（激しく泣く）」などと使われた。

※俳書『毛吹草』

氏なくして玉の輿《こし》

女性は容貌が美しかったり、諸芸を身につけていれば、家柄や身分に関係なく恵まれた生活を送れるということ。男についても最近「逆玉《ぎゃくたま》」（逆玉の輿）という言葉があるが、これは昔から珍しいことではない。江戸時代の結婚は、武士の場合には『武家諸法度《ぶけしょはっと》』で家格（禄高・役職など）が同等であることと定められていた。上層町人の場合には法的規制はないものの、同じ程度の資産をもつ家同士で行なわれるのが一般であった。

一方、中下層の庶民の場合には、当の娘よりも母親に「玉の輿」願望が強くあり、娘が十歳ぐらいになると、いろいろな稽古事を習わせた。式亭三馬《しきていさんば》の『浮世風呂』に登場する少女の一日は、朝起きるとすぐ寺子屋で机を並べ、そのあと三味線の朝稽古に行き、家へもどって朝食。それがすむと踊りの稽古、さらに寺子屋で手習い。二時ごろいったん帰って銭湯へ行き、それから琴の師匠のもとへ行き、帰ると三味線や踊りのおさらい。ちょっとだけ遊んで、日が暮れるとまた琴のおさらい。こんなハードな毎日を送ったのも、娘が武家屋敷に奉公にあがれれば、そこで身につけた礼儀作法・言葉遣いが大きな商家で人を使いこなすうえで役立つからだった。女親はそんな遠大な夢を抱いて娘を育てていた。

※評判記『吉原くぜつ草』

成るは厭《いや》なり、思うは成らず

望んでいることはかなわずに、望んでいないことが決まる。とくに男女関係について、好きな男と結ばれず、好きでもない男と一緒になることをいう。「有るは厭なり、思うは成らず」「惜しきに離れ、思わぬに添う」などともいう。

当時の結婚は家と家との結びつきという面が、武家はもちろん農家・商家でも上層になるほど強かった。家長同士が家格や経済力を考えて縁組に同意するというハードルがあったせいである。親（兄）が娘（妹）の人別送り状を嫁ぎ先の土地の名主と檀那寺《だんなでら》に送らないと婚姻は成立しないので、当人がいくら愛し合っていても結婚できないことが起きた。

そうはいっても親や兄は娘や妹に好きな男がいれば、できるものなら添わせてやりたいと思うのが人情である。同じ身分で女の家のほうが少し優位な場合には、話がまとまることがよくあった。駆け落ちを決行して、親は仕方なく認めることもある。江戸の商家では「娘から逆よせにした婿をとり」ということが起きた。娘が奉公人の手代とデキてしまい、たぶん親は無念だったのだろうが婿に迎えたのである。しかし多くは、親の命令で夫婦になってのち夫に愛情がわき、あれほど惚れたあの男は何だったのかと思えてくる。

※人情本『春《しゅん》色《しょく》恋《こい》廼《の》染《そめ》分解《わけ》』

妾《めかけ》は男の働き

正妻のほかに妾をもつのは男の甲斐性だということ。「側室は男の働き」ともいう。今こんなことを言うと、女性から激しい非難が集中するが、江戸時代には妾をもつことは社会的に認知されていた。当時は家督を相続する男子がいなければ、大名や旗本でさえ御家取り潰しになり、家来や奉公人はみな失業する。農家や商家も後継者がなければ、家督は相続されない。そのため正妻に子がなければ、妾を迎えて子を得ようとした。

これは大義名分があって妾を迎えるケースだが、一方ではすでに家督相続は心配なく、色欲から女を金で囲う者もたくさんいた。ことわざの妾はこちらである。江戸時代には妾は職種の一つであり、「妾奉公」の求人・求職は多く、専門の周旋業者もいた。

江戸時代に通人というと真っ先に名のあがる柳里恭《りゅうりきょう》（柳沢淇園《やなぎさわきえん》）は、漢字の「妻」と「妾」を比較して、「妻の字はさし肩にて、どこやら角菱の立ちたるようにしつこらしい文字なるに、妾という字は見てもなで肩らしくすっかりと見えて口元もかわゆげに、うるわしう見ゆるものなり」（『ひとり寝』）と書いていて、こんな思い入れで比べられたら、妻は妾の前ではまったく勝ち目がない。

慈悲をすれば仇《あだ》する

悪行に対して慈悲をかけて許したら、つけあがって恩知らずな行動をとられたということ。「慈悲が仇になる」「情けが仇」、さらに過激に「慈悲を垂れれば糞を垂れる」ともい い、むしろ最後の言い方がいちばん通用していた。それというのも江戸中期、このことわざどおりの悪質な稼ぎをする女たちが出現したせいである。

「小便組《しょうべんぐみ》は少婦《しょうふ》の容貌絶美なるものを売《うり》て大家《たいけ》の妾とし、主人と同く寝処し、小遺《しょうい》を漏らさしむ。主人患えて退かしむれば、終《つい》にその金をかえす事なし」（『楓軒偶記《ふうけんぐうき》』）。

若くて美しい女が多額の支度金をとって金持ちの妾になる。ところが主人と同衾《どうきん》すると、布団の中で小便をする。主人が病気かと心配して医者に診てもらおうとすれば、「慈悲をすりゃお妾糞も垂れかねず」とエスカレートした。嫌気がさして妾に退散してもらうには、手切金を払わされる。多くが二十歳《はたち》前で、川柳《せんりゅう》には「容顔美麗そこで垂れここで垂れ」「ここで三両かしこで五両とって垂れ」とあるから、ずいぶん忙しく稼いでいる。

彼女らは援助交際の感覚だったかもしれないが、旦那衆の中には小便をかけられたことがトラウマとして残りかねない。気の毒には思わないが。

※川柳集『誹風末摘花《はいふうすえつむはな》』

知らぬは亭主ばかりなり

女房が密通していることは近所中に知れわたっているのに、当の亭主だけが気づいていないという、シリアスだが笑えてしまう状況である。『誹風末摘花』に載る川柳「町内で知らぬは亭主ばかりなり」による。

密通は今ふうにいえば不倫で、江戸時代にも日常茶飯に起きていた。しかし現代と違って重罪であり、『御定書百箇条《おさだめがきひやっかじょう》』には人妻と密通すれば二人とも死罪（斬首刑）になった。これが第一の決着法。ところが幕府は密通に限っては当事者間の解決法も認めていた。その一つは密通が明白ならば、夫が妻と間男をそろって斬り殺しても無罪とした。いわゆる「重ねておいて四つにする」である。しかし現実に亭主が密通した二人を斬殺することは、刀を使いなれていない者には困難で寝覚めも悪く、非常に少なかった。

もう一つがいちばん多い解決法で、大家などを仲裁役にして示談で和解する。その示談金の相場が七両二分（のちに五両とも）であった。幕府はこの三つの解決法のいずれも認めていたが、職人同士の間ではもっと簡単で、密通された男が密通した男を一発ぶんなぐって結着がついている例が多い。この間、密通した女房は神妙に嵐の通過を待っている。

女房と鍋釜《なべかま》は古いほどよい

※辞書『俚言集覧《りげんしゅうらん》』

同じ意味で「女房と味噌は古いほどよい」ということわざがある。長く連れ添った女房は気心も通じてよいということ。むしろ反対の意味の「女房と畳は新しいほうがよい」ということわざのほうが広く知られている。どちらも一理あるというので、家には古女房、別宅には若妾と、金のある男は両立させていた。

江戸時代にはさまざまな見立《みたて》番付が作られていて、その一つに女房の善し悪しを並べた番付がある。東方が善い女房、西方が悪い女房である。

東方…〔大関〕万事主《あるじ》のさしずを請《うけ》る女房　〔関脇〕貞操《みさお》ただしき女房　〔小結〕子に行儀を教える女房　〔前頭〕家業の手助《てだすけ》になる女房・手忠《てまめ》にふきそうじする女房

西方…〔大関〕悋気《りんき》ぶかい女房　〔関脇〕針仕事のできぬ女房　〔小結〕昼迄朝飯の跡片付けぬ女房　〔前頭〕汚れた枕紙を取り替えぬ女房・流行物《はやりもの》をほしがる女房

東西それぞれ五十の善悪女房が列記されている。儒教の説く「理想の女房像」が鮮明に表われていておもしろい。この番付は商家の主人が買い求めて、女房の見えるところに貼り出してあったと思われ、女房にとってはさぞかしうっとうしかっただろう。

破《わ》れ鍋《なべ》に綴《と》じ蓋《ぶた》

※俳書『毛吹草』

破れ鍋にもふさわしい綴じ蓋があるように、どんな人にも似合った配偶者がいるということ。「破れ鍋」はヒビの入った鍋。江戸市中にはさまざまな修繕業者が道具を担いで修理して歩いた。瀬戸物の鍋でも銅・鉄の鍋でも、焼き接ぎして修繕したのだが、ここでリサイクル業者の話をしてもしようがない。

夫婦仲がよいと一言で言っても、夫婦それぞれによってタイプがある。「琴瑟《きんしつ》相和す」という夫婦もあれば、このことわざの夫婦もある。ともに「似た者夫婦」である点では変わらない。琴瑟型は長屋住まいではなく、静かに茶を飲むゆとりがある感じだが、鍋蓋型は長屋で怒鳴り合いながらも、仲はよいのである。

「わたしがお多福が今知れた事かえ」という川柳がある。何かの理由で口争いが始まって、負けかかった亭主が「うるせー、このお多福!」と言ったのである。さらにエスカレートすると、亭主は言葉で勝てないため手が出るか、あるいは勝ち目がないのでふて寝するしかない。「腹の立つ裾《すそ》へかけるも女房也《なり》」。女房は腹を立てているけれど、風邪を引かぬよう、亭主に薄い物をかける。このことわざはそんな夫婦である。

男やもめに蛆《うじ》がわき、女やもめに花が咲く

※辞書『諺苑《げんえん》』

連れ合いを亡くした後の展開が、男と女ではまったく違う。妻を亡くした男は身の回りが行き届かず不潔になりがちなのに対して、夫を亡くした女は家事に手慣れているうえ、夫の世話をしないですむぶん化粧に念を入れられる。世の男の関心をひいて花やぐ。

一般にこういう展開になるのは、今も江戸時代も変わらない。若くして夫に死なれた場合には、「若後家の頼りになってやりたがり」という志願者が現われる。もっとも、資産のある商家の場合には、逆に女やもめに簡単に花が咲かない。資産が後家にそっくり入ることはなく、家業もだれに継がせるか親族や同業の株仲間が集まって決める。

江島其磧《えじまきせき》の『世間娘容気《むすめかたぎ》』にこんな女やもめがいる。十七、八歳のとき見初められて結婚したが、一年もたたぬうち、若さにまかせた夫が腎虚《じんきよ》で亡くなった。親類は若女房を後家で通させるのはふびんだと、見舞金と腹にできている子の養育費を持たせて実家に帰した。するとまもなく再婚の話が舞い込んだ。この後、この女性は四十六歳まで二十七人に縁づいては、夫をつぎつぎと腎虚死させ、そのつど見舞金と二十七人の子の養育費、合計すると数千両を得たという。花を咲かせる間もないほどの女やもめである。

覆水盆《ふくすいぼん》に返らず

※『譬喩尽《たとえづくし》』

一度こぼした水をもとの盆にもどすのは不可能なことをたとえにして、別れた夫婦が復縁するのは無理なこと、さらに一度失敗したら取り返しがつかないことをいう。原典は中国・六朝《りくちょう》の怪異小説集『拾遺記《しゅういき》』にある言葉だが、江戸時代に浄瑠璃や歌舞伎・人情本・ことわざ集を通じて広く知られ、江戸人もよく使っていた。なお中国の「盆」は日本の盆とまったく違っていて、酒や水・湯を入れる胴太の容器である。

原典では、読書ばかりしている呂尚《りょしょう》（太公望《たいこうぼう》）に妻は愛想をつかし、離縁してもらった。ところが呂尚が宰相《さいしょう》に出世すると、妻は復縁を願った。呂尚は盆から水を地面に流し、「水を盆にもどせたら再婚してやろう」と言った。元妻に恨みを抱いていたのか、ずいぶん手数をかけて断っている。同じ意味で「落花《らっか》枝に帰らず、破鏡《はきょう》ふたたび照らさず」という中国の名句があり、これも謡曲や仮名草子に取り入れられて日本人に好まれた。

しかし現実には夫婦が別れたものの、元のさやに収まることは江戸のような都会にかぎらず、よく見られることだった。「元の妻《め》に仲人なし」というお互いに神妙になって再スタートを切る者もいれば、「焼け木杭《ぼっくい》には火が付きやすい」という復縁もあった。

去り跡へは行くとも死に跡へは行くな

※辞書『諺苑』

再婚する女性に対する忠告である。先妻と離婚した男に嫁ぐのはよいが、死別した男には嫁ぐなということ。死に別れた妻に対しては、長所やよい思い出ばかりが記憶に残っているもので、後妻は先妻と比べられたら、ひどく分が悪い。その点、離縁して独りになった男は、別れた妻によい感情をもっていないので、一緒に暮らしやすいということ。

これは江戸時代の離婚の手続き上から言える。当時の庶民の間では、離婚は夫が妻に「三下り半《みくだりはん》」とよばれる離縁状（去り状）を手渡すことで成立した。妻からは離婚できなかった。夫は妻を嫌う何らかの理由があって離婚したのである。「いやで別れた女でも三百捨てた心持ち」ということわざのように、離婚した当座はわずか三百文（約千円）損した程度の痛みしか感じていない。もっとも、こんな薄情な男よりは死に跡へ行くほうがよいかもしれない。

元禄期に再婚するのが生きがいで結婚・離婚をくりかえす男がいて、十七年間に二十三回も再婚している。小さな両替商を営んでいたが、二十四回目がなかったのは再婚も度重なれば婚礼費用と手切金で資産も消尽したためであった。（『万の文反古《よろずのふみほうぐ》』）

鶯《うぐいす》鳴かせたこともある

※歌舞伎『質庫魂入替《しちのくらこころのいれかえ》』

梅の花香に惹かれたウグイスが梅《うめ》が枝《え》で盛んにさえずったように、わたしだって若いときは魅力にあふれてチヤホヤされたもんだったという、今は老女となった女性の回顧である。つまり、この鳴かされている「鶯」は男なのである。

『質庫魂入替』には「今は梅干し婆ァであれど、花の若い時ゃ色香も深く、鶯啼《な》かせたこともある」とあり、江戸時代の花柳界の遊びの深さ、また粋筋の女性の気概をうかがわせることわざなのである。ところが、いつごろからか老女の回顧ではなく、年老いた男が昔を思い出して語っている言葉と思われるようになった。

一般のイメージとしては、梅のゴツゴツした古木は男に似つかわしく、可憐で美しい姿のウグイスは女性であろう。またウグイスを「鳴かせた」のを、女性を「泣かせた」に掛けていて、これもこのことわざが変容していくもとになった。

ウグイスについては「花の内の鶯、花ならずして芳《かぐわ》し」（梅の花の中にいるウグイスは花ではないのに花の香しさをもつ）のようなことわざもあり、この日本的感性の「梅・鶯」観の中で「鶯鳴かせたこともある」も理解されていった。

第七章

四季を楽しむ江戸の風流

——江戸の自然

正月三日、盆《ぼん》二日

※俳書『類船集《るいせんしゅう》』

江戸時代の休日をいったもの。この言葉につづけて「節供《せつく》一日、事日半《ことひなか》」ともいう。正月三が日と盆の二日間が休みということ。さらに節供には一日、祭りなどの行事のときには半日が休みという意味である。こんなに休みがあるのは、奉公人としては恵まれたケースである。この日には朝の食膳のおかずもふだんより品数が多かった。

また丁稚《でっち》などの奉公人には「藪入り《やぶいり》」といって、ふつう正月十六日と盆（七月十六日）が休日となった。半年ぶりに主人から休みをもらって父母に顔を見せるのだが、他国からの奉公人は親類や人宿《ひとやど》（職業斡旋業者）などの請人《うけにん》（身元保証人）にあいさつに行き、あとは芝居や見世物などで一日を過ごした。下女は『守貞漫稿《もりさだまんこう》』によると京阪では年に二度二泊三日の藪入りがとれたが、江戸では無休だとある。何らかの代替があるだろう。

藪入りも含めて、奉公人の一日の公休日を「出番《でばん》」といい、手代《てだい》クラスになると父母や請人への顔出しは早々にして遊所へ行くのがカッコイイとされた。

世の中が休みのときが稼ぎどきだった吉原では、元日と盆の七月十三日が休日で、のちには元日だけになる。江戸でいちばん休日が少なかったのは、吉原の遊女である。

暑さ寒さも彼岸《ひがん》まで

辞書『諺苑《げんえん》』

彼岸は春分の日（三月二十一日ごろ）、秋分の日（九月二十三日ごろ）を中日《ちゅうにち》として前後三日、合わせて七日間である。このころは昼夜の時間が同じになり、また彼岸ごろを境にして、猛暑あるいは厳寒が和らいできて、しのぎやすくなる。「暑さの果ても彼岸まで、寒さの果ても彼岸まで」というわかりやすい表現もある。

このことわざは、厳しい季節を乗り越えた自分や親しい人への慰めや励ましの言葉であるとともに、かつては一年の農作業の始まり（豊作の祈願）と終わり（収穫への感謝）を、共同体全員が自覚する言葉でもあった。

ところで、彼岸の七日間に行なわれる彼岸会《ひがんえ》は日本に固有の法会《ほうえ》で、平安時代には朝廷で行なわれていた。一方、それとは別に庶民は春分の日に太陽を拝礼し、農作物を豊かに実らせてくれるよう祈願したが、そのさい祖霊・祖霊神に供え物をして助力を得ようと願った。これが江戸時代にいたって先祖供養と混交し、彼岸・彼岸会の法要や墓参りと結びついた。今は彼岸といえば、もっぱら墓参り・寺参りをする日になっている。この言葉は時候の日常的挨拶句として気軽に使われるが、背景には日本人の暮らしの蓄積がある。

桜切る馬鹿、梅切らぬ馬鹿

桜は枝を切ると木の衰弱が進んでよくないが、梅はむだな枝を切ると花実がよくついてよいということ。日本人にとって愛着の深い桜と梅の花を気遣って、対照的な剪定法《せんていほう》を言っている。同形のことわざに「桜折る馬鹿、柿折らぬ馬鹿」「桃を切る馬鹿、梅切らぬ馬鹿」があり、長い間の体験にもとづく樹木への思いやりである。文字どおりの意味で、ことわざによく見る含意は何もない。自然や気象・農作業にはこうしたことわざは多い。

梅と桜は日本人にとって格別の花樹である。梅は中国原産で奈良時代に白梅が伝わり、『万葉集』には「萩」についで多くの歌（約百二十首）に詠まれた。平安時代に紅梅が伝わると白梅の人気をしのいだが、やがて桜の花が多くの平安貴族の心をとらえた。

細い枝に大きな花びらを一気にたくさん咲かせ、しかも短日のうちに散る。その特質が愛惜され、江戸時代には「花は桜木、人は武士」のようなことわざが生まれた。散り際のよさを言ったものだが、このことわざを作り出したのは上層武士ではなく、「武士は食わねど高楊枝《たかようじ》」（23ページ）と言っていた下級武士あるいは浪人であろう。桜の散り際については「世の中は三日見ぬ間の桜かな」（次ページ）ともいわれた。

世の中は三日見ぬ間の桜かな

※俳句集『蓼《りょう》太《た》句集』

わずか三日間、外に出ないでいたら、桜の花はみな散ってしまっていたという意味。世の中の移ろいの早いこと、この世の無常をいう。

このことわざは江戸中期の俳人大島蓼太が詠んだ俳句にもとづくが、蓼太の原句は「世の中は三日見ぬ間に桜かな」である。こうなると意味は違う。桜の花はまだ咲いていなかったのに、三日見ない間にいちめん桜の花盛りになっているということで、この世は無常だという感慨ではなくなり、むしろ世の中の変化に心が浮き立つという内容になる。

しかし、それでは江戸人の美学にしっくりこなかったようで、開花する桜よりも散りいそぐ桜のほうが、ことわざとして一般に定着したと思われる。日本人の心情の中には平安時代以来の「世の中に絶えて桜のなかりせば春の心はのどけからまし」（在原業平《ありわらのなりひら》）という桜の花との付き合い方があり、このことわざもそれを踏まえたものである。

このことわざと同意で、親鸞《しんらん》の作といわれる歌に「明日ありと思う心の仇桜《あだざくら》、夜半《よわ》に嵐の吹かぬものかは」がある。桜の花は夜半の嵐に散ってしまうぞと、やはりこの世のはかなさを歌ったもの。

柳は緑、花は紅《くれない》

※俳書『世話尽《せわづくし》』

中国と日本で昔から言われてきた美しい言葉である。中国・北宋《ほくそう》（十一世紀）の詩人蘇《そ》軾《しょく》（蘇東坡《そとうば》）は「柳緑花紅真面目《りゅうりょくかこうしんめんもく》」と歌っている。柳は緑したたり、花は紅に萌える、春の清新な自然の息吹をいったもの。また自然そのままで少しも人間の手が加わっていない状態もいう。さらに日本では独自に仏教的な意味が加わり、物（柳・花）はそれぞれ異なった姿を見せているが、それぞれは自然の理にかなって存在しているということ、転じて禅の悟りの境地をいう言葉でもある。

ところで柳と桜は都市や庭園の景観美のため植栽された。中国の水辺の楼閣の周囲には柳が並んでいる。また平安京の街路や川辺にも柳と桜が植えられた。『古今和歌集』には春たけなわの平安京を「見渡せば柳桜をこき混ぜて都ぞ春の錦《にしき》なりける」（素性法師《そせいほうし》）と歌っている。「柳は緑、花は紅」が近景であるのに対して、この歌は俯瞰美《ふかんび》である。

この古来のことわざでは柳の新芽が着目されて、春の美しさを代弁したが、江戸時代には柳の枝のしなやかさに目が移り、「柳に風」とか「柳で暮らせ」というような現実に即応の処世を説くことわざに用いられて、わかりやすいたとえになっている。

八十八夜の別《わか》れ霜《じも》

※辞書『諺苑』

「八十八夜」は立春からかぞえて八十八日目をいい、五月二日ごろにあたる。春から夏への変わり目で「夏も近づく八十八夜」と歌われるようにだいぶ暖かくなるが、時に最後の晩霜《おそじも》が降りて、果樹や野菜など農作物に被害を与える。

かつてはこの日を目安にして種蒔きや移植などの農作業が行なわれた。とくに「米」は漢字が「八十八」と分解できることから、この日に苗代《なわしろ》作りを始めたり、また苗代に種籾《たねもみ》をおろす神事も行なわれた。今は品種改良が進んで、いろいろな特性をもつ種ができ、前ほど種蒔きには気を遣わなくてもよくなったが、かつては八十八夜には作物の生育状況を見きわめた。また茶摘みは八十八夜のころを最盛期とした。もっとも、細長い日本の国土にあっては、寒暖の差に配慮して農作業を行なった。

日本人はかつて季節の移り変わりを陰暦の立春・春分などの「二十四節気」と、節分や彼岸《ひがん》、この八十八夜や土用・二百十日などの「雑節《ざつせつ》」で確認して暮らしていた。「暑さ寒さも彼岸まで」（195ページ）、「醤油土用に酒寒《かん》に」（醸造の適期）、「二百十日の荒れじまい」（台風も終わり）などに、農村の営みが現われている。

※歌舞伎『勧善懲悪覗機関《かんぜんちょうあくのぞきからくり》』

六日《むいか》の菖蒲《あやめ》、十日《とおか》の菊《きく》

菖蒲は五月五日の端午《たんご》の節供になくてはならない節物であり、菊は九月九日の重陽《ちょうよう》の節供に欠かせなかった。ところが当日にはなくて、翌日に届いたというのがこのことわざ。タイミングを逸して役に立たないたとえである。

端午の節供も重陽の節供も平安時代に盛んであった。中でも清少納言《せいしょうなごん》は「節供は五月が一番。菖蒲《しょうぶ》・蓬《よもぎ》などの香りがあふれるのがよい」という。邪気・疫病除けのため、貴族も庶民も家の屋根を菖蒲で葺《ふ》いたのである。一方、菊花は酒杯にうかべて無病息災・長寿を願って飲んだ。医療が頼りにならない時代にあっては、長い間に培われた慣例によって、特定の日に定められたことをしたり、食べたりすることが、日々の安心のもとだった。

ところが江戸時代になると、本来宮中で盛んだった節供は宮中で簡略化され、一方の幕府が重視し、とくに五節供を重要な式日とした。その中でも端午の節供は男子の節供として重要視され、勇壮な流鏑馬《やぶさめ》や印地《いんじ》打ち（石合戦）・凧揚《たこあ》げなどの武家行事が行なわれた。また武者人形や鯉幟《こいのぼり》が飾られた。武士は「菖蒲」を「尚武《しょうぶ》」に通じるとして五日には用意し、庶民は疫病除けとして菖蒲湯につかった。

香り松茸《まつたけ》、味しめじ

キノコは秋の味覚の代表格で、香りでは松茸が、味ではしめじがいちばんであるという意味。「匂い松茸、味しめじ」ともいう。

松茸は特有の香気が珍重され、また歯ざわりもよくて、吸い物や焼き松茸・土瓶蒸《どびんむ》し・松茸ごはんなどにして好まれるが、昔から値段が非常に高かった。「松茸は至極少なく、珠玉を買うにひとし。勤番者《きんばんもの》は夢にも口に入れがたし」（『き丶のまにまに』）とあり、ましてや庶民の口に入るものではなかった。

江戸には甲州産のものがわずかに入ってきたが、幕府は上野《こうずけ》太田（群馬県太田市）の金山《かなやま》が関東では珍しく松茸を産出するので、この山を直轄林とし、一六二九年（寛永六）、将軍家光のときから毎年献上させることになった。金山は八月になると立ち入り禁止となり、初物が収穫できると厳重に封印し、「御松茸御用」という木札を立てて、十万石の大名なみの威光で日光街道を一昼夜かけて江戸城へ運んだ。

松茸をはじめキノコ類は京都産のものがずっと美味だったろうが、どういうつもりか、勅使が江戸城を訪れたときには必ず接待料理の中にキノコを用いた。

※俳書『世話尽』

青菜《あおな》に塩

新鮮な青菜は葉や茎に水分をたっぷり含んでぴんと張って勢いがある。ところが塩をかけるとしおれて、ぐしゃっとなってしまう。塩の脱水作用によるのだが、ここから人が急に元気をなくしショボリする様子をいう。また青菜は茹でると極端にかさが減る。男はそうしたことを知らないので茹でる前、「青菜は男に見せな」ということわざもある。

「青菜」はホウレン草を代表格とする緑色の濃い葉物野菜をいう。江戸開府後まもなく青物市場が設けられ、近郊の農村に商品作物として有利な野菜の生産が急速に進み、元禄期（一六八〇年代）には江戸に大量に供給されるようになった。

享保期《きょうほう》（一七三〇年代）の江戸近郊の野菜をみると、葛西菜《かさいな》・府中ウリ（マクワウリ）・田端《たばた》ウリ（シロウリ）・千住ナス・早稲田ミョウガ・練馬大根・岩槻ゴボウ・岩槻ネギほかがあり、さらに約百年後の文政期（一八二〇年代）には小松菜・漬け菜・シュンギク・京菜など六十種類の野菜が運ばれている。青菜のような葉物野菜は江戸府内に近接する土地で、果菜、根菜、豆類、芋類は少しずつ江戸から遠い地域で作られた。農家は作物を市場で売ると、帰りには江戸の下肥《しもごえ》をはじめ、米ぬかや干鰯《ほしか》などの肥料を得て帰った。

百菊《ひゃくぎく》作るによって花変ず

※浮世草子『好色二代男』

いろいろな菊の花を咲かせているからこそ、思いもかけない新種の菊花を咲かせることができる。たくさん作る中から、初めて変わり種が生ずるということ。

徳川家康《いえやす》・秀忠《ひでただ》・家光《いえみつ》の三代の将軍は花を好んで、諸国から名花を集めて改良を加え、「寛永《かんえい》の椿《つばき》」を生んだ。その後も将軍・大名から旗本・町人もツツジ・サツキ・アサガオなどの新種作りに熱中した。将軍綱吉《つなよし》のころには菊の栽培技術が進歩し、次の将軍家宣《いえのぶ》・家継《いえつぐ》のときにはブームとなり、「菊合《きくあわせ》」という菊花のコンクールが始まった。「勝ち菊」になると、その花芽は一つ一両から三両三分で売買されている。

このころ幕政の中枢にいた新井白石も菊作りに熱中していて、水戸彰考館《しょうこうかん》総裁安積澹《あさかたん》泊《ぱく》ほかの同好の士と情報交換をしている。一攫千金を夢見て菊作りをしている人たちは、江戸や京都の菊合のカタログ集をいち早く取り寄せて参考にした。菊マニア向けの『草木育種』（一八一八年刊）には「珍花を秘蔵するには植えた所に人を近寄せるな。葉を盗まれて挿し木される」とあり、花泥棒の見張りまでしなければならない。品種改良は花木だけでなく、大和郡山藩《やまとこおりやま》では金魚が、将軍吉宗《よしむね》はオシドリの新種「白鴛鴦《はくえんおう》」を生み出した。

※浮世草子『浮世親仁形気《うきよおやじかたぎ》』

桃栗《ももくり》三年柿《かき》八年

種をまいてから芽が出て実がなるまで、桃と栗は三年、柿は八年もかかるということ。このあとに「柚《ゆず》は遅くて十三年」とか「梅は酸《す》いとて十三年」などとつづけてもいう。一般に種子から育てると果実のなるのが遅く、また果実の品質も保証されない。

今ではこれらの果樹は通常、接ぎ木によって育てられ、「桃栗三年柿八年」は通用しないが、そのまま好んで使われており、物事が成就するにはそれ相応の歳月がかかるという一般的な意味をも獲得している。

また、このことわざは「〜三年〜八年」というよくある形式の代表例である。「三年」とか「八年」は厳密な時間を示してなく、対比的に関係づけられているにすぎない。「首振り三年ころ八年」（尺八の稽古）、「ぽつぽつ三年波八年」（絵の修業）、「櫓《ろ》三年に棹《さお》八年」（操船技術）、「唯識《ゆいしき》三年、倶舎《くしゃ》八年」（仏教修行）のように、さまざまな分野にわたって用いられている。語呂のよさと対蹠的に意味を簡明に伝えられるところから、好まれた表現である。なお、「桃栗三年柿八年」をパロディにもじった「桃栗三年後家《ごけ》一年」ということわざも生まれた。

能《のう》ある鷹は爪《つめ》を隠す

※滑稽本『和合人《わごうじん》』

　獲物をよく捕らえる鷹はふだんは鋭い爪を隠している。能力・才能の持ち主はそれをひけらかさない。「上手《じょうず》の鷹が爪隠す」、また「能ある猫は爪を隠す」ともいう。

「鷹」は鳥の中では「烏《からす》」と並んでことわざに数多く登場する。そのほとんどが鷹狩《たかがり》にかかわるものである。昔から凛々《りり》しく威厳のある姿が好まれ、また小さな鳥や獣を捕らえる能力にすぐれ、とくに戦国大名が好んで飼育した。信長・秀吉・家康の鷹好みは名高く、さまざまなエピソードを残している。江戸将軍の中では三代家光と八代吉宗が格別に鷹狩を行なっている。家光は『徳川実紀』の記録だけで五百二十三回に及ぶ。吉宗は「生類《しょうるい》憐《あわれ》みの令」で途絶えていた鷹狩を復活し、江戸近郊二十キロの地を鷹場《たかば》とした。おかげで鷹を育てる鷹匠《たかじょう》系の役人と鷹場を管理する鳥見《とりみ》系の役人が大量に再就職できた。

　鷹狩に使われる鷹は大きなものからイヌワシ・クマタカで子鹿やウサギを捕らえる。いちばん愛用されたのはオオタカとハヤブサで、ウサギからキジ・ヤマドリを捕獲した。小型のハイタカはツグミやヒバリに用いる。これらの鷹は鷹匠によって能力を開発されたが、やはり才能に伸び悩む鷹がいたようで、このことわざがあるのだろう。

頭隠して尻隠さず

※辞書『諺苑』

野鳥のキジは危険を察知して身をひそめるとき、草の中に首だけ隠して、尾は出したままでいるという。頭を隠せば、自分から相手は見えないので、相手からも自分が見えないと思い込むらしい。キジの場合は捕らわれて命取りとなるが、人間の場合は自分の悪事や欠点の一部を隠して、すべてを隠しおおせたと思っている愚行・態度として笑われたり、非難される程度ですむ。

キジは日本特産種であり、国鳥《こくちょう》に指定されている。他の鳥は人が近づくと早々に飛び去るのに、キジは気がいいというか、バカ鳥ではないかと思えるほど人をそれほど恐れず、山歩きをしていて余りに身近な足元から飛び立って驚かされる。飛ぶのも下手である。

昔から日本人には身近な鳥で、「雉《きじ》の草隠れ」「雉も鳴かずば打たれまい」「焼け野の雉《きぎ》子《す》」のようなキジの習性をよく知ることわざが作られた。最後の句はわが子を助けようと燃えさかる野火の中へ飛び込むことを言ったもの。江戸時代に広まった昔話『桃太郎』には鳥を代表して桃太郎の従者となり、サル・イヌとともに大活躍している。キジが「頭隠して尻隠さず」なのは愛嬌があるが、人間の場合は狡猾《こうかつ》なだけである。

一匹の鯨に七浦《ななうら》にぎわう

※『年中故事記』

一頭の鯨が捕獲されれば、近隣の漁村の人々までがうるおうということ。獲物が大きいと、恩恵が広く及ぶという一般的な意味ももつが、現実に鯨を捕っていた漁村の光景が広がることわざである。「虎伏《とらふ》す野辺《のべ》、鯨寄る浦」という太古からの自然の姿がうかぶ。

捕鯨は『万葉集』に「いさなとり（鯨取り）」として何首も詠まれているくらい、昔から盛んに行なわれていた。といっても漁法は未発達であり、たまたま湾内や浦近くに泳いできた流れ鯨や迷い鯨を力を合わせて捕獲するものだった。鯨が泳いでくると、その周囲には大量の魚群がいるのが常で、漁民は鯨を海の神であるエビス（恵比須）と同一視し、福をもたらす神の分身と信じた。エビス信仰は上陸して山から都市へと流布し、七福神《しちふくじん》にまつられて福をもたらす商業神にまでなるが、それは別の話である。

戦国時代、土佐の長宗我部元親《ちようそかべもとちか》は捕獲した鯨を船を組んで大坂湾まで丸ごと運び、豊臣秀吉《とよとみひでよし》に献上して驚かせた。捕鯨とよべるのは、江戸初期に紀伊の太地《たいち》で鯨組《くじらぐみ》が組織されて始まった。これは流れ鯨が相手ではなく、十艘前後の小船が鯨の群れを追い、銛《もり》による突取漁《つきとりりよう》であった。すぐに網取漁《あみとりりよう》へと発展する。鯨は食文化の問題にとどまらない。

※随筆『訓蒙浅語《くんもうせんご》』

飢饉《ききん》は海から

江戸時代、とくに大規模な飢饉は七回起きている。局地的に見れば、とてもこんな数ではない。凶作・飢饉の主な原因は冷害が多く、西南日本では干害《かんがい》や蝗害《こうがい》（イナゴ被害）もある。これに台風や地震・火山噴火、さらに疫病の流行などが重なって、とくに農村に末期的な状況が広がることになった。一度飢饉に見舞われると、復興には何年もかかる。

このことわざは海が不漁つづきだと、やがて田や畑の不作となって現われ、飢饉になるという意味。飢饉が頻発したのは東北地方であった。その要因をことわざにさぐると、「夏の東風《こち》はげしきは凶作」といわれる。梅雨どきから盛夏にかけて三陸地方で吹く北東風（やませ）によって、北太平洋の海流が異常に低温になり、冷害を引き起こすという。また気象変動には周期があって、「凶作は三年つづく」といわれる。

だいぶ前に三陸海岸でカキの養殖をしている人が、「山の森林が荒れると、海も豊かさを失ってしまいます。海は川によって森林や野山の豊かさを得ています」と語っていた。海の幸の豊漁と山の幸の豊作、そして田畑の実りの豊かさは連動しているという。海の不漁は飢饉の前ぶれというこのことわざは、長い経験から生まれたものである。

寝耳《ねみみ》に水

※俳書『毛吹草《けふきぐさ》』

不意の出来事に驚くたとえ。『太閤記《たいこうき》』（一六二六年刊）では、朝鮮の役《えき》で小西行長軍が真夜中に敵城を包囲し、いっせいに鬨《とき》の声をあげたところ、「城中寝耳に水の入りたるが如く驚きあえり」とある。だれもが驚くたとえとして用いられている。「寝耳に擂《す》り粉木《こぎ》」「寝耳にすっぽん」という同じ用法のことわざがある。

一方、小林一茶《いっさ》の『おらが春』（一八二〇年成立）では、笑うことを覚えたばかりの一茶の嬰児《みどりご》が疱瘡《とうそう》（天然痘《てんねんとう》）にかかって死に際にあるのを「寝耳に水のおし来《きた》るごとき、荒々しき疱の神に見込まれ」と言っている。「寝耳に水が押し来る」というのは眠っているうちに大水が出て、寝ている耳に水の流れる音が聞こえるのである。

こちらの「寝耳に水」はたとえではなく、洪水という現実の災害・実体験に依拠している。海を埋め立ててできた江戸深川あたりでは、一夜で町地が海になることがあり、寝ているうちに家が海に流されていることも起きた。

さらには「寝耳に水」というのは、洪水の発生を知らせる半鐘《はんしょう》の音を寝耳に聞いて、驚きあわてることをいうという説もある。時代劇の中の江戸の被災場面がうかんでくる。

地震雷火事親父

世の中で恐ろしいものを順にあげたものといわれる。「地震」「雷」は天災、「火事」は人災、「親父」は江戸封建社会をささえる家父長制の元締として絶対的な権力があった。ここに唐突に「親父」が出てくるのが、このことわざのおもしろさだが、この「親父」は熊とする伝承もある。熊の出没する地方では、畏怖を込めて熊を親父とよんでいたらしい。

江戸では市域の大半を消滅させる大地震・大火事が何度も起きていて、その恐ろしさは親から子へと代々伝えられ、心の中に生きていた。また地震や雷は当時は科学ではなく迷信の世界で理解されていたから、「地震を空へ上げ、雷を地の下へ降ろしたし」とか、「地震天、雷様は地の下、火事は遠方」と、それぞれ鯰神《なまずがみ》・雷神・火神としてとらえて、われわれから遠ざけるために祈るのが主な対応策になった。

なお、日本語には同類のものをまとめて際立たせる名数があり、「三奇人」とか「四天王」「五山」「六歌仙」のようにくくられる。これは「四」の部で、四姓《しせい》の「源平藤橘《げんぺいとうきつ》」、四苦の「生老病死」などがある。このことわざは名数の表現法を借りていて、語呂のよさに加えて、「親父」という奇抜なものが入っていて広く親しまれて使われてきた。

月とすっぽん

※浄瑠璃『蘆屋道満大内鑑《あしやどうまんおおうちかがみ》』

「月と鼈《すっぽん》」と書く。少し似ているところがあるが、実は非常にかけはなれているもののたとえ。どこも似ていないと思うが、十五夜の丸い月と甲羅《こうら》の丸いのが似ているというのだから、江戸人の感性には追いつけない。「すっぽんとお月様」ともいう。ただし異説があって、「すっぽん」は本来は「朱盆《しゅぼん》」（朱塗りの盆）だったのが、訛って「すっぽん」になったという。このあたりは確定できない。

すっぽんは漢字で「鼈」と書くが、正しく書ける人はごく少ないだろう。江戸の人は「泥亀」と書いたが、「月」との対比が利いている。川柳《せんりゅう》に「すっぽんをどこかで息子喰ならひ」とあるように、すっぽんは家庭ではなく外で食べるものだった。家で亭主がすっぽんをさばこうものなら、女房は恐慌をきたした。

すっぽんは一般になじみがなかったと思われるのだが、ことわざにはいくつも取り上げられている。その着眼が、「鼈が時《とき》をつくる」「鼈が塗り桶《おけ》登るよう」「鼈の地団駄《じだんだ》」など、すっぽんにはできないことをやらせて、無理なことのたとえとしている。中でも「鼈の居合い抜き」は傑作で、すっぽんに座頭市をやらせている。

塵《ちり》も積もれば山となる

※「いろはカルタ」

細かなゴミやほこりでも、積もり積もれば巨大な山になるということ。このことわざの生い立ちは興味深い。紀元二〇〇年前後の南インドの仏教思想家ナーガルジュナ（竜樹《りゆうじゆ》）が唱えたのが始まりで、それがどんな言葉だったかわからないが、四〇〇年ごろ中国の僧鳩摩羅什《くまらじゆう》はその漢訳書『大智度論《だいちどろん》』で「微塵《みじん》を積みて山と成す」と訳した。「微塵」というのは目で見える最小のもので、七つの「極微《ごくみ》」が集まったものという。極微はアトム（原子）といってよい。仏教の世界観が根底にあり、微塵も積もれば動かせないという。

中国唐《とう》代の詩人白居易《はくきよい》（白楽天）が歌った「千里は足下《そつか》に始まり、高山微塵に起こる」という詩には、相通じる世界観・自然観がある。これは平安時代の歌人・知識人のトップだった紀貫之《きのつらゆき》に引用され、彼は『古今集』の「仮名序《かなじよ》」で「とおき所も出で立つ足元より始まりて、年月《としつき》をわたり高き山もふもとのちりひじよりなりて」と書いた。そして室町時代には広く「微塵積もりて山となる」として口承され、江戸初期には「塵積もりて山となる」、江戸後期の「江戸カルタ」では「塵も積もれば山となる」となった。明治以後の教育現場では、どういうわけか浪費を戒め、貯金のすすめに用いられた。

藪《やぶ》から棒

※浄瑠璃『鑓《やりのごんざ》権三重帷子《かさねかたびら》』

「藪」はどこにでもあり、住民にとっては身近な場所ではあったが、藪の中には薄気味の悪いものが居着き、人の法や常識が及ばない一画と考えられた。「親を捨てる藪なし」「藪に目」「藪の中で屁をひる」「藪をつついて蛇を出す」、そしてこの「藪から棒」などのことわざには、「藪」に対する畏怖・不可侵性がうかがえる。

似た表現で「窓から槍」ということわざがあり、やはり出し抜けの意味であるが、単に驚かされ、こちらは命を落としかねないということ。江戸人は明智光秀《あけちみつひで》の最期を「藪から槍」へとつなげて、「せめて藪から棒ならと明智いひ」という川柳を作っている。「藪から棒」の「棒」は、ことわざでは真っすぐなもののたとえのほかには、もっぱら手の延長として最も手近な武器であり、人や犬などを打つものだった。得体のわからぬ領域である藪に対しては突っつく道具となり、「藪蛇」となって潜んでいた蛇が出てくる。「蛇」は反人間的・非常識的な生き物として畏怖と嫌悪の対象であり、「藪」はその蛇の棲《す》むところで、本来棒を突き入れるのはタブーである。このことわざは、そんな藪から逆に棒が突き出されるという予期せぬ唐突さのたとえとして優れている。

蒔《ま》かぬ種《たね》は生えぬ

※浮世草子『世間胸算用《せけんむねさんよう》』

種をまいていないのに、収穫を期待してもだめだ。何もしないで、よい結果は得られないということだが、江戸庶民の中には「果報は寝て待て」という主義の男もいた。農耕の基本を述べて、人の生き方の根本を説いたことわざで当然の真理を言っているが、もとの農事のこととして考えると、種をまいても生えてこないことは珍しいことではない。

農民にとってはこのことわざよりも切実だったのは、「一種二肥《こえ》三作り」である。農作物生産でいちばん大事なのはよい種子の入手だったが、これがむずかしかった。花木や花《か》卉《き》栽培では諸大名が品種改良と新種の開発に熱心だったが、得られた技術や新種の種子は藩外へ出さなかった。そんな中で将軍吉宗だけは新種の薬草や救荒作物の種を放出した。

吉宗は小石川薬園を研究開発センターとし、野呂元丈《のろげんじょう》・青木昆陽《こんよう》らに命じて日本中に採薬使を派遣させた。末端の各地には採薬見習いがいて、地元の有用な植物を採取させ、これを江戸の薬園で改良し育種する。青木昆陽が苦心のすえに作った種イモは各藩に下付された。また朝鮮人参の種も各地のすぐれた栽培技術者に百粒単位で手渡されている。こうした試みの中から、江戸後期には花や野菜の種を専門に商う業者が現われてくる。

雨降り天神、日和弘法《ひよりこうぼう》

天神さんの縁日には雨が降ることが多く、弘法大師の縁日には晴れが多いという意味。単なる印象を言ったものなので、「大師雨天、天神日和」という逆のことわざもある。

縁日に神社・寺に参詣すれば、ふだんに倍する御利益が得られると考えられていたので、江戸庶民はこの日、こぞってお参りした。浅草寺《せんそうじ》の「四万六千日《しまんろくせんにち》」（七月十日）は一日の参詣で四万六千日分の功徳《くどく》があるとされた。縁日は天神（菅原道真《すがわらのみちざね》）や弘法大師（空海《くうかい》）の死去の日や寺社が創建された日で、初めは年に一度であったが、多くの参詣人であふれ、門前市が成立して経済活動と都市形成の原動力にまでなって、毎月あるいは月に数回になったところもある。露店や見世物も出て、人々は信心と娯楽を兼ねて参詣した。

隠居や姑の縁日詣では家族に歓迎された。二日には目黒不動《めぐろふどう》、五日には水天宮《すいてんぐう》、八日には雑司ケ谷《ぞうしがや》の鬼子母神《きしもじん》と新井薬師《あらいやくし》をはしごし、十日には金毘羅《こんぴら》さん、十八日は浅草観音《あさくさかんのん》、二十一日は西新井大師《にしあらいたいし》、二十四日は巣鴨地蔵《すがもじぞう》、二十五日は亀戸天神《かめいどてんじん》と、健康でないとできないウォーキングである。時には泊まりがけで出かける。縁日の朝には参詣する当人だけでなく、家族や露天商も空を見上げて、このことわざをつぶやいていたのだろう。

●主要な出典（引例のとくに多いもの）

仮名手本忠臣蔵（かなでほんちゅうしんぐら）
江戸中期の人形浄瑠璃。竹田出雲・三好松洛・並木千柳の合作。一七四八年初演。歌舞伎にもなる。赤穂浪士の仇討ちを南北朝時代に置き換えている。武士・町人の忠孝・恩義の完遂を説いている。

毛吹草（けふきぐさ）
江戸初期の俳書。松江重頼著。一六四五年刊行。松永貞徳流の俳諧の作法書。貞門の俳人二百六十人の作句を四季に分けて収録。多くの語彙・諸国名物を集録していて言語・経済資料としても貴重。

諺苑（げんえん）
江戸中期の国語辞書。太田全斎著。一七九七年成立。俗語・ことわざをいろは順に並べて意味・出典を示した。これを改編・増補したのが『俚言集覧』。

菅原伝授手習鑑（すがわらでんじゅてならいかがみ）
江戸中期の人形浄瑠璃。竹田出雲・並木千柳らの合作。一七四六年初演。菅原道真の九州配流から天神になるまでを大筋として武家倫理、親子の情などの極限を強烈に描いた。

世間胸算用（せけんむねさんよう）
江戸前期の浮世草子（小説）。井原西鶴著。一六九二年刊。町人が大晦日をどう切り抜けるか、二十のケースで悲喜劇を描いた。現代に生きることわざが次々と駆使されている。

世話尽（せわづくし）
江戸初期の俳書。僧の皆虚著。一六五六年刊行。『毛吹草』に対抗意識をもって、俳諧の作法とより多くのことわざ七百七十余を集録し、いろは順に配列してある。

譬喩尽（たとえづくし）

江戸後期のことわざ辞書。松葉軒東井編。一七八六年序。一七九九年ごろまで増補をつづけ、ことわざを中心に詩歌・流行語・方言まで広く集め、収録語数は江戸時代最大。国字も記録。

童子教（どうじきょう）

鎌倉時代の教訓書。以来、広く読まれ、江戸時代には『実語教』とともに寺子屋の教科書になり、文字の習得から行儀作法や信仰の教えまで、大きな感化力をもった。

日本永代蔵（にっぽんえいたいぐら）

江戸前期の浮世草子。井原西鶴著。一六八八年刊。実在の町人をモデルにした小説で、倹約・才覚によって富獲得の成功者と失敗者の生き方をさぐり、正統派の町人道を示そうとした。

根無草（ねなしぐさ）

江戸中期の滑稽本。天竺浪人（平賀源内）著。一七六三年刊。遊里や芝居などの世相を地獄に移して描き、時代・社会に警句となる言葉を連ねてベストセラーになる。

守貞漫稿（もりさだまんこう）

江戸後期の随筆。喜田川守貞著。一八六七年成立。一八三〇～五〇年代の上方と江戸の生活全般を対比して考証。挿絵が大量に収められていて、当時の都市民の暮らしぶりが具体的にわかる。

やぶにまぐわ

江戸中期の辞書。著者不祥。一七一八年成立。約七百三十語の口語体の卑俗なことわざを集録。

俚言集覧（りげんしゅうらん）

江戸中期の国語辞書。太田全斎著。一七九七年以後に成立。自著『諺苑』をもとに俗語・方言・ことわざを増補。明治末に増補され、五十音順に改編して活字出版されたので、一般に広く流布した。

【ま行】

【や行】

【ら行／わ】

【た行】

【な行】

【は行】

江戸のことわざ・索引

【あ行】

人生を自由自在に活動《プレイ》する

INTELLIGENCE PLAYBOOKS

人生の活動源として

いま要求される新しい気運は、最も現実的な生々しい時代に吐息する大衆の活力と活動源である。

文明はすべてを合理化し、自主的精神はますます衰退に瀕し、自由は奪われようとしている今日、プレイブックスに課せられた役割と必要は広く新鮮な願いとなろう。

いわゆる知識人にもとめる書物は数多く窺うまでもない。

本刊行は、在来の観念類型を打破し、謂わば現代生活の機能に即する潤滑油として、逞しい生命を吹込もうとするものである。

われわれの現状は、埃りと騒音に紛れ、雑踏に苛まれ、あくせく追われる仕事に、日々の不安は健全な精神生活を妨げる圧迫感となり、まさに現実はストレス症状を呈している。

プレイブックスは、それらすべてのうっ積を吹きとばし、自由闊達な活動力を培養し、勇気と自信を生みだす最も楽しいシリーズたらんことを、われわれは鋭意貫かんとするものである。

—創始者のことば—　小澤和一

読者のみなさんへ

この本をお読みになって、特に感銘をもたれたところや、ご不満のあるところなど、忌憚のないご意見を当編集部あてにお送りください。

また、わたくしどもでは、みなさんの斬新なアイディアをお聞きしたいと思っています。「私のアイディア」を生かしたいとお思いの方は、どしどしお寄せください。これからの企画にできるだけ反映させていきたいと考えています。

なお、採用の分には、記念品を贈呈させていただきます。

青春出版社　編集部

江戸《えど》のことわざ　INTELLIGENCE PLAYBOOKS

2004年1月15日　第1刷

著者　丹《たん》野《の》　顕《あきら》

発行者　小澤源太郎

責任編集　株式会社プライム涌光

電話　編集部　03(3203)2850

発行所　東京都新宿区若松町12番1号　〒162-0056　株式会社青春出版社

電話　営業部　03(3207)1916　振替番号　00190-7-98602

印刷・錦明印刷　製本・光洋製本

ISBN4-413-04083-X